Comuniable autour fam
Anvergh ille

MF · B·Ld 176 - 63u

LA TOLÉRANCE

CHRÉTIENNE

Opposée au TOLÉRANTISME *PHILOSOPHIQUE,*

OU

LETTRES

D'UN PATRIOTE

AU SOI-DISANT CURÉ

SUR

Son DIALOGUE *au sujet des Protestans.*

A FRIBOURG,

Chez les Libraires associés.

M. DCC. LXXXIV.

PRÉFACE.

L'impiété & l'hérésie ont été dans tous les temps aussi ennemies des rois que de l'église. L'esprit d'indépendance qui les soulève contre le joug de la foi, leur fait supporter avec impatience l'obéissance qu'ils sont forcés de rendre aux loix de l'état & à ceux qui sont revêtus de l'autorité souveraine. L'expérience de tous les temps & les horreurs dont l'Allemagne & la France ont été le théatre dans les derniers siècles, ne nous convainquent que trop de cette triste vérité. Aujourd'hui une extravagante philosophie, enfantée par les dernières hérésies & toujours animée du même esprit, se joint à elles pour renverser tous les principes & semer la révolte

* ij

parmi les peuples, fous l'apparence infidieufe d'une liberté imaginaire, en leur
infpirant une égale haine contre les rois
& contre les prêtres, parce que la religion & les loix mettent un frein à leur
licence.

Parmi les auteurs qui fe font diftin-
gués dans cette audacieufe carrière, il
en eft un à qui l'impiété de fes écrits
a donné une malheureufe célébrité : prêtre apoftat, flétri par des arrêts, expulfé
de fa patrie, errant dans les pays étrangers avec l'infamie attachée à fa perfonne, il prétend fe faire une réputation en attaquant avec la même audace
le trône & l'autel.

Pour opérer dans ce pays la perver-
fion qu'il avoit tenté en France, en infpirant un tolérantifme qui mène à l'indifférence de religion, il fait imprimer
actuellement à Neufchatel un fatyre contre la révocation de l'edit de Nantes.
Un éloquent écrivain avoit déja juftifié
cette révocation avec autant de lu-

miére que de force (1); & nous ne doutons point que, lorſque l'ouvrage paroîtra, il ne ſoit vigoureuſement réfuté en France. Mais comme nous ſommes plus près du mal, nous avons cru devoir le prévenir, afin de mettre nos citoyens en garde contre les funeſtes impreſſions qu'il pourroit faire ſur leurs eſprits.

L'auteur ne pourra que répéter dans ſon livre tous les ſophiſmes tant de fois rabattus & tant de fois réfutés avant lui; & comme ces ſophiſmes ſe trouvent réunis dans un dialogue qui a paru, il y a pluſieurs années, entre un curé & ſon évêque au ſujet des mariages des proteſtans, & qui va ſe reproduire dans l'ouvrage qu'on ſe prépare à donner au public, nous avons cru qu'en réfutant le premier, la réfutation de l'autre ſe trouveroit déja toute faite; & nous nous ſommes empreſſés d'y travailler, bien

---

(1) M. l'abbé de Caveyrac dans ſon *apologie de Louis XIV & de ſon conſeil touchant la révocation de l'édit de Nantes.*

perfuadés que les perfonnes fincérement attachées à la religion & à l'état, feront bien aifes de trouver ici un préfervatif contre les faux raifonnemens & les faits apocryphes qu'on ne cefse de répandre avec autant d'audace que d'artifice, mais qui pourroient féduire ceux qui font encore foibles dans la foi, ou en qui la dépravation de cœur a déja frayé le chemin à l'irréligion.

LET-

LETTRES

D'UN
PATRIOTE
AU
SOI-DISANT CURÉ

SUR

Son DIALOGUE *au sujet
des Protestans.*

LETTRE PREMIÈRE.

LA tolérance que vous avez préché,
monsieur, à votre évêque étoit trop voisine de l'indifférence de religion pour
n'être pas bien accueillie dans un siècle
de prétendus sages, où il semble qu'on
ne sauroit cesser d'être raisonnable sans

A

ceffer d'être chrétien. Vos panégyriftes vous auront applaudi avant même que vous ayiez pris la peine de les perfuader, & ils ne manqueront pas de crier au fanatifme du moment que j'ouvrirai la bouche pour vous contredire. Mais ces cris de guerre ne font plus aujourd'hui de dupes que parmi cette claffe de gens qui font toujours de l'avis de ceux qui parlent le plus haut. Pour moi, fans ambitionner leurs éloges, ni m'étonner de leurs clameurs, je leur demanderai : de quel côté, je vous prie, placez-vous le fanatifme ? ou du côté d'une fecte qui, n'ayant aucun fondement ni dans les principes du gouvernement, ni dans l'autorité de l'églife, ne doit fa naiffance qu'à l'efprit d'indépendance ; de cette fecte qui dans tous les pays où elle s'eft introduite n'a marqué fa marche que par les horreurs du fanatifme ; de cette fecte qui, enthoufiafmée d'une infpiration prétendue, a pris fes rêveries pour des révélations, a foulevé les peuples contre leurs pafteurs & leurs fouverains légitimes ; ou du côté de ceux qui fubordonnés à l'autorité voudroient y foumettre les fectaires, leur fermer l'entrée du royaume, ou les réduire au filençe ? Croyez-vous que ceux qui font parvenus autrefois à leur procurer la liberté que vous ſollicitez, aient réuſſi à extirper le fanatiſme ; que nos pères aient eu à ſe féliciter de leur tolérance ; que les catholiques qui ont été ſéduits & qui ſont morts dans l'erreur, doivent les en remercier. Vous m'accuſerez peut-être de vouloir employer la force pour convertir nos frères errans, comme ſi on ne pouvoit condamner le libre exercice d'une fauſſe religion dans un royaume catholique ſans approuver le maſſacre de la St. Barthelemi. Raſſurez-vous, meſſieurs, je ne demande point la mort de mes frères, mais leur converſion. Les proteſtans me ſont chers, c'eſt pour eux comme pour vous que j'écris. Je les aime comme homme, je les aime comme chrétien, je les aime comme citoyen, je les aime pour les rendre chrétiens fidèles & ſujets ſoumis. Qu'on les laiſſe jouir de leur fortune & de la protection des loix ; mais qu'on écarte les obſtacles qui s'oppoſent à leur converſion, & qu'on les empêche de ſe nuire à eux-mêmes & à leurs concitoyens : ſi ce ſont là les vœux du fanatiſme, je ne ſais plus ce qu'on doit appeller charité.

Pour vous, monſieur, qui êtes plus raiſonnable, ne vous fâchez pas je vous prie ſi je prends la liberté de vous contredire, les gens senfés en concluroient que vous avez tort, les autres en ri-roient à vos dépens. Si vous trouvez que je me trompe, mettez-moi du moins au rang des huguenots qui font de bonne foi ; vous avez tant d'indulgence pour eux, votre évêque a eu tant de com-plaifance pour vous, pourquoi n'en au-riez-vous pas aufli un peu pour moi ; favez-vous fi je n'aurai pas le bonheur de vous convertir à mon tour ? Ayez donc la patience de m'entendre jufqu'au bout. Il s'agit ici du maintien des loix, du falut des citoyens, de leur repos, de leur fortune, de leur exiftence, de la confervation de la foi, de la fûreté de la monarchie, & rien de plus important. Confidérons la liberté de la religion re-lativement à ces grands intérêts. Exami-nons quels font à cet égard les principes de la charité chrétienne & d'une faine politique. Examinons qu'elle eft la route que l'évangile nous indique, que les doc-teurs les plus éclairés, que les conciles les plus célèbres nous ont tracée, que les princes les plus fages ont fuivie, que nos pères ont tenue. Voyons comment leurs maximes concilient les intérêts de la foi avec les fentimens de l'humanité.

La queftion fe réduit entre nous à fa-voir s'il eft de la juftice, s'il eft du bien de l'église & de l'état, que les loix du royaume autorisent les mariages des protestans & permettent l'exercice public de leur religion. Cette question, comme vous voyez, peut être envisagée ou relativement à l'ordre ecclésiastique ou relativement à l'ordre civil: & c'est aussi sous ces deux points de vue que je la considérerai. Je commence par le premier, sur lequel roulent tous vos raisonnemens. Voici à quoi ils se réduisent:

Vous proposez au clergé de solliciter auprès du prince la légalité des mariages des protestans comme un moyen de les ramener eux-mêmes dans le sein de l'église romaine, quoique vous soyez forcé d'avouer que ces alliances sont illégitimes. Vous prétendez cependant que ces alliances doivent être protégées par les loix & que les évêques doivent solliciter cette protection. C'est faire violence selon vous à la conscience des sectaires, que d'empêcher l'exercice public de leur religion. C'est leur laisser consommer leur réprobation que d'éloigner des ministres qui les confirment dans l'erreur : c'est violer la loi naturelle que de prémunir leurs enfans contre la séduction, en obligeant les parens à les faire instruire dans la religion catholique. Les huguenots, dites - vous, prient pour le prince dans leurs aſſemblées. Comment pourroient-ils former des complots contre l'état ? Ils chantent les louanges de Dieu, pourquoi ne leur ſeroit-il pas permis de blaſphémer contre nos ſaints myſtères ? Leur faire un crime de leur erreur, c'eſt demander à Dieu pourquoi il ne leur donne pas la grace de croire. Ils ſont plus malheureux que coupables. (J'aurois dit à votre place : ils ſont malheureux ſans être coupables, puiſque ce n'eſt pas leur faute s'ils ne croient pas.) St. Paul, continuez-vous, ne ſe permit point d'abattre le temple de Diane, & il ſeroit permis aux princes chrétiens d'abattre les temples des huguenots ? Il reçut l'inceſtueux de Corinthe lorſqu'il témoigna ſon repentir, & nous refuſerions de nous réunir aux huguenots quoiqu'ils demeurent obſtinés ? En accordant la liberté de ſe marier aux proteſtans, vous avouez que leur culte eſt une abomination, & vous ſoutenez que le prince ne ſauroit leur interdire ce culte ſans commettre une injuſtice.

La plupart d'entre eux ne tiennent plus, ſelon vous, que foiblement à leur ſecte. Il ne faut qu'une légère impulſion pour les faire rentrer dans le berçail, & vous en concluez qu'il faut laiſſer faire leurs miniſtres pour opérer cet heureux retour. Qu'ils livrent des combats à l'église, en doutez-vous? Qu'ils sèment des écrits contre sa doctrine, tant mieux; l'église s'en réjouira, quoiqu'elle voie périr un grand nombre de ses enfans, étant assurée de remporter un jour la victoire. Dans deux cents ans il n'y aura plus de calvinistes. (C'est une prophétie.) N'est-il pas juste que nous leur laissions la liberté de faire tout le mal qu'ils pourront tant qu'ils conserveront leur existence.

C'est par des raisons si victorieuses que vous parvenez enfin à persuader votre prélat; & on se doutoit bien qu'ayant entrepris de l'endoctriner, vous ne manqueriez pas de le convertir.

Il me semble cependant, monsieur, que vous avez un peu trop abusé de sa facilité; qu'il me soit permis de prendre sa place.

Je n'examinerai point votre profession de foi à laquelle tout le monde n'a pas égale confiance. Je ne releverai pas les faits que vous hasardez (1), je passerai encore sous silence plusieurs propositions répréhensibles qui ne sont pas de mon

______

(1) On peut mettre de ce nombre ce que l'auteur dit du père de la Chaise, qui fut le principal moteur du projet de la révocation de l'édit de Nantes. Le père de la Chaise fut précisément d'avis tout contraire dans le conseil du roi. Voyez entre autres l'histoire de Louis XIV par Reboulet.

fujet, & je me bornerai à difcuter vos raifons en me fervant ordinairement de vos propres termes. Peut-être ne ferez-vous pas également fatisfait de moi, mais ce ne fera pas ma faute.

Pour procéder avec ordre, il faut que nous convenions auparavant des principes.

1°. J'avoue que le pouvoir de l'homme ne s'étend point fur les confciences, & qu'on ne force point à croire. La foi a un principe plus fublime dans les motifs furnaturels & dans la grace de Jefus-Chrift. Auffi l'églife a-t-elle toujours employé pour convertir les hérétiques des moyens plus dignes de fa religion, l'inftruction, la charité, la douceur, la patience, la prière, l'exemple des vertus évangeliques.

Mais auffi la religion n'a jamais interdit à l'églife les moyens humains pour applanir les voies au faint miniftère, foit en facilitant l'exercice des fonctions facerdotales, foit en faifant exécuter les décrets des premiers pafteurs, foit en réprimant les troubles que caufoient les fectaires dans le gouvernement eccléfiaftique.

2°. Il eft certain que l'églife n'ayant reçu en vertu de fa miffion aucun pouvoir ni direct ni indirect dans l'ordre civil, elle ne peut employer elle-même que les armes spirituelles ; mais il n'est pas moins certain qu'il lui est permis d'implorer la protection du souverain, pour joindre la force coactive à l'autorité de l'apostolat ; & que cette protection devient une obligation de la part des princes catholiques. Car Dieu les ayant établi pour maintenir l'ordre dans la société & pour veiller au bonheur des peuples, ils ne sauroient, sans prévariquer, refuser leurs secours à une religion qui doit faire régner la justice sur la terre en faisant régner le Maître du monde dans le cœur de l'homme ; à une religion qui les a associé à ses graces & à ses promesses, qui doit faire la félicité de leurs sujets, qui est le plus ferme appui de leur trône, & dont ils portent eux-mêmes l'auguste caractère : „ Faites „ attention, (disoit St. Léon à un em- „ pereur du même nom) que Dieu a „ mis le sceptre entre vos mains non- „ seulement pour gouverner le monde, „ mais principalement pour protéger l'é- „ glise (1).

____

(1) Debet incunctanter advertere regiam potestatem tibi, qui non solùm ad mundi regimen, sed maximè ad ecclesiæ presidium esse collatum, ut ausus nefarios comprimendo, quæ sunt bona statuta defendas, & veram pacem hinc quæ sunt turbata restituas. *S. Leo, epist. ad Leon. aug. 74, edit.* 1661.

A V

Tous les jurifconfultes ont rendu hommage à cette maxime, & vous n'aurez pas oublié, monfieur, ces belles paroles d'un célébre magiftrat de nos jours :

„ *Le clergé & la magiftrature doivent fe réunir par un heureux accord pour écarter des atteintes que des maximes impies voudroient porter au trône & à l'autel ; les magiftrats en faifant refpecter nos faintes écritures, nos dogmes facrés, nos faints myftères ; les miniftres de l'églife en inftruifant les fidèles, en faifant refpecter l'autorité des loix, en entretenant les peuples dans la foumiffion qu'ils doivent à leur fouverain, & en leur apprenant à regarder les oracles de la juftice comme une portion de la juftice divine elle-même* (1).

Ainfi l'églife profcrit l'héréfie, elle dépofe les miniftres infidèles, elle décide des points de doctrine & de difcipline, elle frappe d'anathême, & fa parole lie les confciences. Mais la raifon du devoir ne fuffit pas toujours pour déterminer à l'obéiffance, & le pafteur qui ne peut employer la contrainte, a recours alors au bras féculier pour fermer la bouche aux impies, pour réprimer les entre-

---

(1) Requifitoire de M. Seguier, avocat général du parlement de Paris, du 7 feptembre 1775.

prises des ministres qu'elle a déposé pour les éloigner de son troupeau, pour expulser de nos assemblées saintes les coupables qu'elle a anathématisé, pour faire exécuter ses jugemens, & pour empêcher que ses pontifes ne soient troublés dans l'exercice de leurs fonctions.

Telle a toujours été la conduite de l'église depuis qu'elle a compté des princes au nombre de ses enfans. Le concile de Nicée condamne Arius avec deux de ses sectateurs, Théolas & Second. En conséquence de ce décret, l'empereur Constantin les exile, & fait brûler les écrits d'Arius (1).

Le concile de Constantinople supplie l'empereur Théodose d'appuyer de son autorité ce que les pères ont statué ; & l'empereur ordonne de livrer incessamment toutes les églises aux évêques qui sont unis de communion avec ceux du concile, & de les ôter aux hérétiques (2).

Le concile d'Éphèse ayant proscrit la doctrine de Nestorius, & l'ayant déposé lui-même, Théodose le jeune condamne l'hérésiarque à l'exil, confisque ses biens, & défend d'élever ses partisans à l'épiscopat (3).

---

(1) Fleury, hist. eccl. tom. 3, l. 2, n°. 24.
(2) Fleury, ibid. tom. 4, l. 18, n°. 8 & 9.
(3) Fleury, ibid. tom. 6, l. 26, n°. 34, l. 27, n°. 41.

Le concile de Chalcédoine anathématise Eutichés avec ses sectateurs, & l'empereur Marcien porte une loi qui les soumet aux mêmes peines que les apollinaristes, leur ôtant la faculté de donner ou de recevoir par testament, leur défendant d'ordonner des évêques & des clercs sous peine d'exil & de confiscation de biens, ni de tenir des assemblées, ou de parler contre le concile de Chalcédoine (1).

Je me borne à ces quatre premiers conciles œcuméniques, & je vous exhorte, monsieur, à continuer à lire la suite de l'histoire ecclésiastique. Vous y verrez que l'église a toujours tenu la même conduite, & que les princes religieux ont toujours imité l'exemple des Constantin, des Théodose & des Marcien.

Lisez dans Eusèbe (2), Sozomène (3), Socrate (4) & dans les loix romaines (5) les différens édits que les empereurs ont porté contre les schismatiques & les hérétiques; ils mettoient l'hérésie au rang des crimes d'état, parce qu'ils regardoient l'injure faite à la religion comme

---

(1) Fleury, ibid. tom. 6, l. 28, n°. 54.
(2) Euseb. vita Constant. l. 3, c. 62.
(3) Sozom. l. 1, c. 20.
(4) Socrate, l. 1, c. 6.
(5) Cod. Theod. & Justin. tit. de hæreticis & schismaticis.

un tort fait à tous. *Volumus esse publicum crimen, quia quod in religione divina committitur in omnium fertur injuriam* (1).

L'église ne dédaigna pas même d'implorer l'assistance d'un empereur païen (2) contre Paul de Samosate : & le prince ayant appris que l'hérésiarque avoit été condamné par le pape & par les évêques, ordonna qu'il fût chassé de son église.

Troisiémement, j'avoue que le pasteur ne doit jamais demander la mort des sectaires, mais vous conviendrez aussi qu'il doit souhaiter que le prince les empêche de se nuire à eux-mêmes & de nuire aux autres. Un médecin charitable ne se contente pas d'ordonner les remèdes, il invoque encore l'autorité de ceux qui peuvent faire observer le régime ; mais comme les loix deviendroient inutiles si on pouvoit les enfreindre impunément, il y auroit contradiction à implorer la protection des princes pour maintenir la discipline de l'église & à demander en même temps l'impunité des coupables ; & cette contradiction seroit d'autant plus sensible

____

(1) Cod. Theod. l. 40 , tit. de hæreticis.
(2) L'empereur Aurélien.

que le prince ne doit intervenir que
pour ajouter la force coactive à l'obligation de confcience qu'impofent déja
les canons de l'églife.

Le prince ne punit donc pas les hérétiques précifément parce qu'ils per-
fiftent dans l'erreur, comme on voudroit
le faire croire, mais parce qu'ils fcan-
dalifent l'églife par la profeffion publique d'un culte illégitime, parce qu'ils
troublent fon gouvernement, parce qu'ils
répandent le venin de leurs héréfies. Or
fi les loix condamnent les empoifonneurs
au dernier fupplice, elles ne doivent
point laiffer impunis ceux qui infectent
la nation de leurs erreurs ; & fi l'erreur tend encore à pervertir les mœurs,
à corrompre la fidélité des fujets, fi les
fectaires attentent aux droits de l'églife,
s'ils en ufurpent les fonctions, fi leurs
affemblées dégénèrent en confédérations
contre l'état, la juftice exige que la punition foit proportionnée à la griéveté
du délit. Ecoutez là-deffus, monfieur,
un illuftre prélat que vous citez avec
éloge & que je refpecte comme vous.
Je rapporterai fon texte en entier. Il eft
trop important pour paroître long.

„ Le prince, dit M. Boffuet, eft le
protecteur du droit public qui eft appuyé
fur la religion, & il doit foutenir fon

trône dont elle eſt le fondement. *Ceux qui ne veulent pas ſouffrir que le prince uſe de rigueur en matière de religion, parce que la réligion doit être libre, ſont dans une erreur impie.* Autrement il faudroit ſouffrir dans tous les ſujets & dans tous les états, l'idolatrie, le mahométiſme, l'athéiſme même, & les plus grands crimes ſeroient impunis.

Ce n'eſt pourtant qu'à l'extrêmité qu'il faut en venir aux rigueurs, ſur-tout aux dernières. Abias étoit armé contre les rebelles & les ſchiſmatiques d'Iſraël, mais avant que de combattre, il fait précéder la charitable invitation que nous avons vue.

Ces ſchiſmatiques étoient abbatus & leur royaume détruit ſous Ézéchias & ſous Jozias, & ces princes étoient très-puiſſans; mais, ſans employer la force, Ézéchias envoya des ambaſſadeurs dans toute l'étendue de ſon royaume pour les inviter en ſon nom & au nom de tout le peuple à la pâque qu'il préparoit avec une magnificence royale.

Les princes chrétiens ont imité cet exemple, mêlant, ſuivant l'occurrence, la rigueur avec la condeſcendance. Il y a de fauſſes religions qu'ils ont cru devoir bannir de leurs états ſous peine de mort; mais je ne veux expoſer que la conduite qu'ils ont tenue contre les fchifmes & les héréfies. Ils ont ordinairement banni leurs auteurs. Quant à leurs fectaires, en les plaignant comme des malades, ils ont employé avant toutes chofes pour les ramener des douces invitations. L'empereur Conftantin, fils de Conftantius, fit fupporter aux donatiftes des aumônes abondantes fans y ajouter autre chofe qu'une invitation pour retourner à l'unité dont ils s'étoient féparés par un aheurtement & une audace inouïe. Quand les empereurs virent que ces opiniâtres abufoient de leur bonté, & s'endurciffoient dans l'erreur, ils firent des loix pénales qui confiftoient principalement en des aumônes confidérables. Ils vinrent jufqu'à leur ôter la difpofition de leurs biens & à les rendre inteftables. L'églife les remercioit de ces loix, mais elle demandoit toujours qu'on n'en vint point aux derniers fupplices, que les princes n'ordonnoient auffi que dans le cas où la féduction & le facrilège étoient joints à l'héréfie. Telle fut la conduite du quatrième fiècle. En d'autres temps on a vu des châtimens plus rigoureux, & c'eft principalement envers les fectes qu'une haine invétérée contre l'églife, & un aheurtement impie, un efprit de fédition & de révolte, portoient

à la fureur, à la violence & au sacrilège (1).

D'après ces observations, il sera facile de justifier la révocation de l'édit de Nantes que vous blâmez, monsieur, permettez-moi de le dire, un peu trop légérement; mais il est temps que nous vous entendions parler vous-même.

1. „ Y avoit-on bien pensé dans le „ conseil de Louis XIV, dites-vous, lors-„ qu'en 1685 on détermina le prince à „ dire à trois millions de ses sujets :

„François, je sais qu'en fait de religion, vous suivez une autre croyance que la mienne. C'est par conscience que vous marchez dans une route que vous croyez celle du salut. Je veux que vous sacri-fiez votre façon de penser à la mienne & votre conscience à mes ordres. Sans quoi j'enverrai contre vous des soldats qui vous enleveront biens, richesses, femmes, enfans, liberté, la vie même, si vous refusez de regarder mes édits comme la règle de votre conscience. *(Dialogue entre un curé & un évêque sur les mariages des protestans, p. 10.)*

Réponse. Quel horrible tableau pré-sentez-vous, monsieur, à mes yeux? Quels sentimens prêtez-vous à l'un de

---

(1) Bossuet, politique, l. 7, art. 3, prop. 10.

nos plus grands monarques ! Mais eft-
ce pour nous éclairer ou pour nous re-
prendre ? Éclairciffons cette queftion en
rappellant les difpofitions de l'édit de
1685 & les motifs qui déterminèrent le
fouverain à le publier.

Vous favez que la prétendue réforme,
après avoir allumé la guerre en Allemagne, avoit porté le trouble & la dé-
folation dans le fein de la France. Les
calviniftes, l'une des branches de la
nouvelle fecte, qui s'étoient d'abord bor-
nés à demander la tolérance, étant devenus plus nombreux & plus hardis fous
les règnes trop foibles de Charles IX &
de fes fucceffeurs, commencèrent à employer la violence pour abolir le culte
public de la religion de nos pères. Bientôt après, ils levèrent l'étendard de la
révolte. On les vit fe réunir dans toutes
les provinces du royaume, former des
confédérations avec les ennemis de l'é-
tat, concerter des plans d'attaque contre
monarchie & contre leurs propres concitoyens, compofer des armées nombreu-
fes & en même temps des petits corps
de troupes dans les différentes parties
de la France, livrer des combats, prendre & détruire des villes, dévafter les
provinces, piller les finances, s'ériger
en république dans le fein de la monar-

chie, même attenter sur la personne sacrée de nos rois, renverser nos temples, ruiner les cloîtres, s'emparer des biens de l'église, massacrer les catholiques ou les forcer d'apostasier, exercer les plus horribles cruautés sur les ministres de la religion, profaner ce qu'elle avoit de plus sacré; on les vit tantôt vaincus tantôt victorieux, souvent abbatus sans être découragés, demandant la paix & bientôt après rallumant la guerre, formant toujours de nouvelles prétentions à mesure qu'ils obtenoient de nouvelles graces, trouvant toujours dans le fanatisme de la secte une audace & une force qui, malgré l'infériorité du nombre, avoit contrebalancé plus d'un fois toute la puissance de nos souverains (1).

Louis XIV, en montant sur le trône, avoit l'effrayant tableau de tous ces désordres devant ses yeux, lors même qu'il avoit besoin de toutes ses forces pour défendre ses frontières contre les ennemis de l'état; il se vit contraint de conserver des corps de troupes dans certaines provinces pour se prémunir contre les sectaires. L'expérience des règnes précédens lui avoit appris ce qu'il avoit à

____

(1) On exposera plus en détail l'histoire de ces troubles dans la sixième lettre.

craindre d'un peuple difperfé dans fes états, toujours prêt à exciter les plus grands orages pour profiter de nos revers, lors même qu'il paroiffoit le plus tranquille. Le prince voulut enfin régner & affurer le repos public en affermiffant les fondemens de fon trône. Il commença par réduire les privilèges dont les proteftans avoient abufé. Il fit démolir les temples qu'ils avoient élevé contre la difpofition de l'édit de Nantes. Il excita le zèle des évêques pour les ramener par la voie de l'inftruction, fe bornant d'abord lui-même à favorifer leur converfion & à pourvoir aux befoins de ceux qui perdoient leur fortune en revenant à l'unité.

Jufques-là vous auriez applaudi, monfieur, à la fageffe & à la modération du prince qui laiffoit l'épée dans le fourreau pour ne leur faire entendre que la voix des pafteurs. Mais l'héréfie qui cherche toujours à s'agrandir, s'irritera toujours des moyens que l'on prendra pour la contenir. Les proteftans méprisèrent les ordres du monarque : ils redoublèrent leurs efforts pour rendre le zèle des évêques infructueux. Murmures, libelles, fatyres, follicitations, menaces tout fut employé. Des murmures & des menaces ils paffèrent à la rébellion. Ils prirent les armes dans le Dauphiné, dans le Vivarais, dans les Cévènes. Leur révolte fut presqu'aussi-tôt réprimée. Après avoir dissipé les rebelles, Louis XIV frappa le dernier coup par la publication de l'édit de 1685.

Par cet édit, le prince, en révoquant celui de Nantes, ordonne la démolition des temples des calvinistes. *Art.* 1.

Il prohibe leurs assemblées de religion. *Art.* 2.

Il défend aux seigneurs des fiefs de favoriser ces assemblées. *Art.* 3.

Il enjoint aux ministres de sortir du royaume sous peine des galères. *Art.* 4.

Et aux protestans de faire baptiser & de faire instruire leurs enfans par les curés de leurs paroisses à peine d'amende. *Art.* 8.

Le dixième article qui défend aux calvinistes de sortir du royaume & de faire passer leurs effets dans les pays étrangers, est purement économique, & par conséquent étranger à notre sujet. Je dois cependant vous faire observer, monsieur, que les sujets & leurs biens étant sous la dependance du prince, il ne leur est pas permis de s'y soustraire eux-mêmes, ni de soustraire à son souverain domaine les biens qu'ils possèdent dans son royaume lorsqu'ils ne jugent pas à propos d'obéir aux loix de l'état.

Les autres articles concernent les secours & les privilèges accordés aux nouveaux convertis.

Voilà la loi, monsieur : où est l'injustice ? Dans quel endroit le prince a-t-il dit aux protestans : *Je ne veux point que vous ayiez une autre créance que la mienne ?* Où leur a-t-il dit : Si vous ne pensez pas comme moi, j'enverrai contre vous des soldats qui vous enleveront biens, richesses, femmes, enfans, liberté, la vie même ?

Le prince propose aux protestans pour règle de leur foi, non sa propre conscience, mais la doctrine de l'église catholique, bâtie sur les fondemens des apôtres, & seule dépositaire des vérités révélées. Sans les forcer à croire, il se borne à leur interdire l'exercice d'une religion schismatique & à maintenir les pasteurs légitimes dans le droit exclusif qu'ils ont d'enseigner & d'administrer les sacremens. Car voilà à quoi se réduisent la démolition des temples, l'interdiction des assemblées de religion, l'expulsion des ministres & l'obligation imposée aux calvinistes de faire baptiser & de faire instruire leurs enfans par les curés des lieux.

Il faut donc, monsieur, avant de

blâmer la disposition de cette loi, ou soutenir que les ministres huguenots ont droit d'exercer les fonctions du ministère apostolique; & alors vous voilà protestant. Ou dire que le prince a tort de maintenir les pasteurs légitimes dans le droit exclusif qu'ils ont de baptiser, d'instruire, de présider au culte public; & alors vous voilà en opposition avec les premiers principes de la droite raison, & avec toutes les loix divines & humaines qui font de cette protection un devoir indispensable au souverain. Vous voilà en opposition avec les princes les plus religieux qui l'ont accordée; en opposition avec les pères de l'église qui y ont applaudi, en opposition avec les conciles généraux qui l'ont sollicitée. Et je vous demanderai, à qui voulez-vous que nous nous en rapportions ou à leur autorité ou à la vôtre? Qu'eussent même pensé ces assemblées respectables lorsqu'après avoir proscrit les sectaires, elles imploroient la protection du prince pour éloigner de leurs églises les évêques fauteurs des hérésies, & qu'elles avoient elles-mêmes déposé; qu'eussent-elles pensé de votre catholicité, si vous élevant vous-même au milieu d'elles, vous leur eussiez alors reproché la prétendue indiscrétion de leur zèle? Si vous les eussiez accusé de violer les loix de l'humanité pour défendre les intérêts de la foi ? Si vous leur eussiez dit qu'ils perdoient les brebis en éloignant les pasteurs qui ravageoient la bergerie ?

Mais si la vérité ne peut varier, si l'église ne peut rien perdre de ses droits, si l'hérésie ne peut en acquérir de nouveaux, si les devoirs des souverains sont toujours les mêmes, les protestans auront-ils des titres plus légitimes aujourd'hui pour exercer les fonctions de l'apostolat & pour répandre le venin de l'erreur, qu'ils n'en avoient au moment qu'ils se sont séparés de nous.

Auront-ils plus de droits que n'en ont eu les hérétiques qui les ont précédé ? Leurs attentats contre la foi de l'église & contre l'autorité du sacerdoce seront-ils moins répréhensibles ?

Nos princes seront-ils aujourd'hui moins obligés de protéger & la foi & le gouvernement de l'église contre ses attentats ? Comment donc osez-vous les accuser de violer les loix de la justice & de la charité, & de faire violence à la conscience des sectaires ? Ah ! ce reproche, faites-le plutôt, monsieur, aux protestans eux-mêmes qui ont étendu une verge de fer sur les catholiques lorsqu'ils ont dominé sur eux. Dites-leur
avec

avec Tertullien au nom de l'église : Qui êtes-vous donc vous qui voulez dominer sur ma foi ? Ce n'est pas de vous, c'est de Jesus-Christ, c'est des apôtres qu'il a envoyé, c'est des églises qu'ils ont fondées & qui ont perpétué jusqu'à nous le dépôt de la foi, que je dois apprendre les vérités que le Fils de Dieu a révélées. Quiconque tient une autre doctrine est hérétique. Mais, vous, d'où sortez-vous ? Depuis quand venez-vous sur mon domaine, n'étant pas des miens ? De quel droit vous introduisez-vous dans ma maison ? La possession est à moi. Je possède depuis le commencement, je possède le premier, & je possède seul en vertu de mon origine, seul comme héritier des apôtres, seul comme dépositaire de l'évangile, qu'ils nous ont transmis. Vous n'êtes point leurs héritiers, mais leurs ennemis, puisque vous l'êtes de leur foi (1).

Qui vous a donc établi juge de ma croyance, quel droit avez-vous sur mon obéissance ? Quelles sont les preuves de votre mission ? Oui, monsieur, faites ces reproches à ces hommes audacieux qui, après avoir foulé aux pieds les autorités les plus sacrées, veulent encore do-

____

(1) Tertull. de præscript. c. 21, 37.

B

miner sur la foi des peuples. Mais ces reproches pouvez-vous les adresser à l'épouse de Jesus-Christ, qui, ayant reçu la mission apostolique de son divin époux avec la promesse solemnelle de son assistance jusqu'à la consommation des siècles, a droit d'exiger de ses enfans une parfaite soumission de cœur & d'esprit à l'infaillibilité de ses décisions ? Pouvez-vous les adresser aux princes religieux qui viennent au secours de cette mère désolée, non pour faire violence à la conscience des hérétiques, non pour les forcer le poignard à la main, comme vous osez le dire, à souscrire à la doctrine de l'église, non pas même en leur faisant un crime de leurs erreurs, mais pour empêcher que la religion de Jesus-Christ, qui est devenue une loi de l'état & qui est le plus solide fondement du trône, que cette religion qui est nécessairement une par sa propre constitution, ne soit divisée par des sectes qui corrompent sa foi; & que ses ennemis ne se couvrent de son nom pour insulter à son ministère sacré & pour surprendre la simplicité des fidèles.

C'est par des raisons si victorieuses qu'on a réfuté tout ce que les hérétiques avoient déja dit avant vous, en faveur d'une tolérance qu'ils n'observoient point eux-mêmes à l'égard des catholiques. Ils n'ont jamais répondu à ces raisons, & vous n'y répondrez pas vous-même. Je vous exhorte donc à les examiner, à étudier l'esprit de l'église dans la conduite qu'elle a toujours tenu à l'égard des Sectaires ; vous vous convaincrez que l'intolérance qu'elle a toujours pratiqué & que vous osez blâmer, n'a jamais été contraire à l'esprit de sagesse & de charité qui la caractérisent.

Je finirai ici ma lettre, pour vous laisser le temps de l'examen, en vous assurant que je suis,

Monsieur ,

Votre, &c.

LETTRE II.

J'IGNORE, monsieur, l'impression qu'aura fait sur vous ma première lettre. Je crois avoir justifié par les principes de la religion & par les maximes d'une saine politique les loix du prince & le zèle du clergé. Et vous devez vous être apperçu de la distance infinie qu'il y avoit entre la sollicitude pastorale, toujours attentive à préserver les fidèles de la contagion de l'erreur, mais toujours dirigée par la charité, de ce fanatisme odieux qui cherche la mort des coupables. Si je n'ai pas réussi à vous désabuser entiérement de vos fausses idées, j'espère du moins que vous serez plus disposé à m'entendre, & je n'aurai plus besoin que de discuter en détail vos objections pour achever de vous convaincre.

II. „ Les protestans, dites-vous, ont „ vécu depuis l'édit de Nantes jusqu'en „ 1685 dans la jouissance de tous les „ privilèges des citoyens. Pourquoi cette „ tempête subite qui s'élève contr'eux „ dans le temps que le calme étoit le „ plus profond? *Pag.* 11.

Réponse. Oui, monsieur, les protestans ont joui jusqu'en 1685 de tous les

privilèges des citoyens en vertu de l'é-
dit de Nantes; & s'ils en avoient joui,
je ne dis pas avec reconnoissance, mais
sans murmurer, sans se plaindre, sans
troubler la société par de nouveaux attentats, je m'étonnerois, comme vous,
qu'on eût enlevé à des citoyens paisibles *la jouissance de leurs privilèges*
& les droits de citoyen. Si, comme vous,
je pouvois voir un calme profond dans
une société orageuse & toujours remuan-
te, je demanderois, comme vous, *pourquoi cette tempête subite qui s'élève
contr'eux dans le calme le plus profond?*
Si j'ignorois, comme vous, que les concessions extorquées ne furent jamais des
titres, & qu'on ne peut conserver que
par la soumission des privilèges qu'on
doit à la condescendance & au malheur
des temps, je ferois peut-être, comme
vous, des questions indiscrètes ; mais
lisez, monsieur, nos histoires, consultez
sur-tout celle du calvinisme en France
par M. Souliers. Rappellez ce que je
viens de dire des séditions & des révoltes que les protestans avoient excitées
dans les Cévènes & dans le Vivarais,
deux ans avant la révocation de l'édit
de Nantes. Voyez le projet d'union qu'ils
formèrent dans le même temps pour le
rétablissement des églises qu'ils avoient

conſtruites contre la diſpoſition de cet édit, & que le prince avoit fait démolir, & vous ceſſerez de vous étonner, & vous me diſpenſerez de vous répondre ; écoutez enfin les plaintes de ces fidèles ſujets aſſemblés dans le Vivarais ſur la fin du ſiècle dernier (1), & dont la délibération fut rendue publique dans le temps. Les expreſſions de cette délibération ſont trop remarquables pour n'être pas rapportées. Ils arrêtent que „ dans la „ néceſſité où ils ſont d'obéir à Dieu „ plutôt qu'aux hommes, ils feront „ prêcher (malgré les défenſes du „ ſouverain) dans tous les lieux où „ l'exercice de leur religion a été in- „ terdit.“ Et ils ajoutent que „ le clergé „ romain ayant ſurpris grand nombre „ d'édits, de déclarations & d'arrêts „ qui renverſent de fond en comble l'é- „ dit de Nantes & la liberté de con- „ ſcience, ils ſont réſolus, moyennant „ l'aide de Dieu, de ſe maintenir juſ- „ qu'au dernier ſoupir dans cette pré- „ cieuſe liberté ; que ſi, par malheur, il „ arrivoit que le clergé prévalût encore „ & qu'il voulût abuſer, comme il l'a- „ voit fait, du nom & de l'autorité du „ roi, pour opprimer des ſujets inno- „ cens, en ce cas, en ſe tenant ſur la

____

(1) En 1683.

„ défensive, ils s'opposeroient de tout
„ leur pouvoir à cette oppression ; &
„ ils finissent en difant que pour évi-
„ ter toute furprife, il avoit été trouvé
„ à propos que les églifes travaillassent
„ inceffamment à faire un état de ceux
„ qui pouvoient fervir, pour en former
„ des compagnies, & s'oppofer à la vio-
„ lence du clergé, tant pour la confer-
„ vation de leurs droits, que pour don-
„ ner du fecours à ceux de leurs frères
„ des autres provinces qu'on vouloit op-
„ primer. " Voilà, monfieur, ce qu'on
publioit en France en 1633 fous les yeux
d'un monarque victorieux. Voilà comment tout étoit calme avant la révocation de l'édit de Nantes. Demandez-
nous après cela, fi vous l'ofez encore,
pourquoi cette tempête fubite qui s'éleva
contre les proteftans ?

III. „ Ah ! fi, durant ce calme, au lieu
„ de moyens violens, on n'eût employé
„ que la voie de la perfuafion, l'églife
„ auroit beaucoup gagné, & l'état n'au-
„ roit rien perdu. " *Pag. 11.*

Réponfe. C'eft-à-dire, monfieur, que
les pafteurs, au lieu d'employer la voie
de la douceur & de l'inftruction, pour
ramener les brebis errantes, ont mieux
aimé invoquer le glaive du prince pour
les opprimer. Mais leur zèle s'eft-il du

moins réveillé depuis que les loix ont proscrit la secte? Point du tout. *On n'a rien fait*, selon vous; oui, *rien qui, au lieu de ramener les protestans à la communion catholique, ne fût propre au contraire à les en éloigner.*

Ainsi, monsieur, les évêques avant & après la révocation de l'édit de Nantes, n'ont été, selon vous, dans la maison de Dieu que les pasteurs, qui, jouissant comme des *idoles* des honneurs attachés à leur dignité, n'ont rien fait de ce qu'il falloit pour sauver les ouailles confiées à leurs soins. Mais quoi? les fonds que le clergé avoit destiné à la subsistance des nouveaux convertis, les missions & les conférences que les pasteurs & leurs coopérateurs n'ont cessé de faire dans les provinces infectées du calvinisme, les travaux & quelquefois les outrages qu'ils ont essuyé, les périls même auxquels ils se sont exposés, tous les soins, tous les moyens que leur industrieuse charité a mis en usage pour ramener les sectaires; tout cela n'étoit-il donc rien de ce qu'il falloit faire? Eh! que falloit-il donc de plus? Ignorez-vous, monsieur, que le célèbre Bossuet avoit été lui-même du nombre de ces ouvriers évangéliques qui s'étoient dévoués à leur instruction? D'où venoit donc, je vous le demande, cette multitude innombrable de conversions, qui excitoit les plaintes & le dépit des ministres ? Pourquoi tant d'opposition de leur part aux progrès de la foi ?... Le clergé n'a rien fait de ce qu'il falloit faire ? Mais consultez nos histoires : passez, si vous en doutez encore, dans les provinces où la secte est la plus nombreuse, dans le Languedoc, dans la Guienne ; interrogez, je ne dis pas les catholiques, mais les calvinistes eux-mêmes : ils vous répondront, s'ils sont de bonne foi, qu'il n'est point de moyens que les pasteurs ne mettent en usage pour les gagner à Jesus-Christ. Instructions publiques, conférences particulières, affabilité, largesses, insinuations, exemples, bons offices, leur charité ne néglige rien. Semblables au père de l'enfant prodigue, ils suivent encore des yeux le fils qui est sorti de la maison paternelle, ils lui tendent les bras lorsqu'il revient. Le titre d'enfant malheureux suffit pour exciter leur tendresse. Ils pourvoient à tous leurs besoins, ils veillent à tous leurs intérêts ; & bien loin d'armer la rigueur des loix contre lui, lorsqu'il s'obstine dans son égarement, ils n'emploient jamais leur crédit que pour en adoucir la sévérité ; si quelquefois (& ces occa-

B v

fions font bien rares) on les voit invoquer le fecours du magiftrat, c'eft pour
prévenir le fcandale ; & alors même ils
ne demandent pas la mort du coupable,
ils defirent feulement qu'on l'empêche
de donner la mort à leurs frères.

Voilà, monfieur, ce qu'on vous auroit dit, fi vous n'eufliez jugé plus à
propos de tout hafarder que de vous
inftruire. Vous auriez vu que les pafteurs
les plus zélés & les plus charitables font
auffi les plus odieux aux hérétiques, &
qu'on ne réuflit à leur plaire qu'en négligeant de les fauver ; mais calomnier
le clergé, excufer les fectaires, accufer
les prélats d'inertie ou de defpotifme,
rejetter fur eux, s'il eft poffible, tout
l'odieux de la fecte qu'on voudroit juftifier, tel eft le ton de ceux qui s'efforcent d'anéantir la religion en aviliffant
fes miniftres, ou qui voudroient tout
bouleverfer pour réformer l'églife. Mais
eft-ce là le langage de la foi ? eft-ce là
'efprit de fes enfans & le zèle de fes
apôtres ? Je fupprime ici, monfieur, des
réflexions qui pourroient vous déplaire.

IV. „ La religion, inexorable fur les
„ erreurs, ordonne-t-elle la profcription
„ des errans ? Veut-elle qu'on faffe tom-
„ ber le feu du ciel fur les Samaritains ? "
Pag. 25.

Réponſe. A Dieu ne plaiſe, monſieur, je l'ai déja dit & je le répète encore, jamais la religion n'a demandé la mort des pécheurs, mais leur converſion. Bien loin de verſer leur ſang, le paſteur doit être prêt à donner le ſien pour les ſauver. S'ils réſiſtent aux invitations de ſa charité, il en gémira devant Dieu ; mais s'ils blaſphèment contre Jeſus-Chriſt, s'ils tendent des pièges à la foi de ſes enfans, il invoquera la protection du prince pour leur lier les mains, ou pour leur fermer la bouche ; & alors le prince vengera la divinité offenſée s'ils l'outragent ; il réprimera leurs entrepriſes s'ils attentent à l'ordre public ; il garantira les peuples de la ſéduction s'ils les ſcandaliſent : & vous, monſieur, oui vous-même, vous n'aurez pas la force de blâmer la ſollicitude du paſteur, ni la piété du prince.

V. La loi oblige les proteſtans à faire élever leurs enfans dans la religion catholique : ,, le moyen eſt efficace ; (pour ,, extirper l'héréſie) mais eſt-il juſte ?... ,, Penſerez-vous que Dieu demande que ,, nous oubliions l'harmonie de la nature, ,, que nous déchirions les entrailles des ,, pères & mères, & que nous les for- ,, cions à nous abandonner leurs enfans ,, pour les rendre catholiques ?... Une ,, foi ſans lumière conduit au fanatiſme :

,, témoin ce pieux insensé, qui, dit-on,
,, en Turquie, attiroit chez lui les en-
,, fans des infidèles, & les étrangloit en-
,, suite pour en faire des saints. C'est
,, une étrange façon de sauver les ames
,, en perdant la sienne. " *Pag. 39 & 40.*

Réponse. Non, monsieur, la religion
ne brise point les liens de la nature,
mais elle les resserre & les sanctifie. Elle
ne viole point l'autorité paternelle, mais
elle l'éclaire & la dirige. Cette autorité,
vous le savez, n'est instituée de Dieu
que pour l'avantage des enfans, comme
la puissance des souverains n'est établie
que pour le bien des peuples. Elle n'attribue donc point aux pères le droit de
faire périr ceux à qui ils ont donné le
jour ; elle n'oblige donc point leurs enfans à une obéissance qui seroit criminelle, & qui leur deviendroit funeste à
eux-mêmes. Enfin cette autorité est sub-
ordonnée à la puissance de l'église dans
l'ordre de la religion, & celle du prince
dans l'ordre civil. Ainsi l'église & le
prince, comme les tuteurs suprêmes des
enfans, peuvent modérer la puissance
paternelle : ils peuvent l'arrêter si elle
devient abusive : ils peuvent forcer les
pères à procurer à leurs enfans les secours
qui sont en leur disposition. Les cana-
néens offroient leurs enfans à Moloch,

en les jettant dans le feu. Croiriez-vous
que les rois de Juda violoient les droits
de la nature, en punissant de si horribles sacrifices ? Un père devient insensé :
le prince souftrait ses enfans à sa puissance. Il devient prodigue : le prince
vient au secours des enfans pour conserver leur patrimoine, en interdisant au
père l'administration de ses propres biens.
Seroit-ce là un acte de cruauté ? Et vous,
monsieur, qui avez la foi, vous qui devez la regarder comme la vie de l'ame,
vous qui dites fort bien que l'embrâse-
ment de tout Paris seroit un moindre
mal que la perte d'une seule ame (1),
vous, monsieur, vous croyez, ou vous
feignez de croire que ce seroit violer
le droit de la nature que d'empêcher
les calvinistes de fermer le ciel à leurs
enfans, & parce qu'on oblige des hommes que vous avouez être dans l'erreur,
à faire élever leurs enfans dans des principes que vous reconnoissez pour incon-
testables, vous criez à l'injustice, au
fanatisme. Quelle est donc votre foi,
monsieur ? j'ose vous le demander encore ? & à quoi se réduit cette religion
dont vous affectez de vous parer ? car
enfin si vous croyez que l'hérésie donne
la mort à l'ame, blâmerez-vous le prince

______

(1) Page 14.

qui veut en garantir fes fujets ? Quel
préjudice les loix portent-elles aux pères
en leur épargnant un crime, & en veillant fur le falut des enfans ? Ne les laif-
fent-elles pas jouir d'ailleurs de tous les
droits de l'autorité paternelle ? Diriez-
vous que la foi rend les enfans moins
refpectueux & moins dociles ? ce feroit
proférer un blafphème : ce feroit ignorer
que le refpect & l'obéiffance ont leur fondement dans l'efprit d'humilité & de
fubordination, & qu'il n'y a que la foi
qui puiffe donner cet efprit ; ce feroit
démentir l'expérience, ce feroit démentir
les proteftans eux-mêmes, qui, dans
les pays où ils exercent la plus dure
domination fur les catholiques, leur rendent pourtant ce glorieux témoignage,
qu'ils n'ont point, de ferviteurs plus fidèles, ni d'enfans plus foumis.

Vous appuyez ici une abfurdité d'un
raifonnement encore plus ridicule. Un
fanatique, dites-vous, étrangloit les enfans après les avoir baptifés, afin d'affurer leur falut. Donc, felon vous, c'eft
avoir *une foi fans lumière*, que d'empêcher les pères de donner la mort éternelle à leurs enfans. C'eft un fanatifme
d'étrangler les enfans après les avoir baptifés. Donc c'eft un fanatifme d'obliger
les pères à faire baptifer leurs enfans

par les miniſtres légitimes, donc les miniſtres ſe rendent coupables d'homicide
en les baptiſant. Je vous demande pardon, monſieur, mais tout le monde ne
conclura pas de même.

VI. „ Nos François qui ſont au Caire,
„ à Conſtantinople, à Iſpahan, à Ber-
„ lin, que diroient-ils ſi, dans ces di-
„ vers pays, on y mettoit pour condi-
„ tion à leur établiſſement, que leurs
„ enfans ſeroient élevés dans la religion
„ dominante? " *Pag.* 43.

Réponſe. Je ne ſais, monſieur, ſi vous
me ſaurez quelque gré du ſervice que
je vais vous rendre ; mais n'importe, je
dois vous en avertir. Prenez garde, que
vous allez vous jetter tout droit entre les
bras des prétendus philoſophes. Car voici
à quoi ſe réduit votre argument : nous
avons tort de faire en France, à l'égard
de la religion des turcs & des calviniſtes, ce qu'ils auroient tort de faire eux-
mêmes à Conſtantinople, & à Berlin à
l'égard de la religion catholique. Donc
comme ils auroient tort de forcer nos
François qui ſont à Conſtantinople &
à Berlin à faire élever leurs enfans dans
la religion de Mahomet & de Calvin,
nous avons tort auſſi d'obliger les calviniſtes qui ſont en France à faire élever leurs enfans dans la religion catho-

lique. Mais en raisonnant comme vous, les prétendus philosophes vous diront encore que si les empereurs païens ont eu tort de punir les apôtres pour avoir prêché l'évangile, vous n'avez pas plus de raison d'empêcher le turc, le brachman, le talapoin, l'idolâtre de venir prêcher leur religion en France; & vous avez encore plus de tort, ajouteront-ils, de vouloir exterminer notre secte, parce que nous ne croyons ni à vos mystères, ni à la révélation, ni à la providence, ni même à la divinité, parce que nous publions nos systêmes, & que nous faisons des prosélytes; vous qui voulez qu'on mette la conscience des protestans en liberté, pourquoi voudriez-vous faire violence à la nôtre? S'ils peuvent être dans la bonne foi, pourquoi ne donc pourrions-nous pas y être nous-mêmes? Si la sévérité des loix ne sauroit les ramener, comment pourroit-elle nous convertir? Si leur faire un crime de leurs erreurs, c'est reprocher à Dieu de leur refuser la foi; n'est-ce pas aussi reprocher à Dieu de nous refuser ses graces, que de nous faire un crime de notre incrédulité? Pourquoi donc nous priver d'une liberté que vous invoquez pour les autres?

Tel sera, monsieur, l'argument des

philoſophes de nos jours ; & je ne pré-
vois pas trop comment vous vous ti-
rerez d'embarras. Quant à moi, ma réponſe eſt toute prête ; elle porte ſur
cette maxime, dont tout proteſtant, tout
catholique , tout homme raiſonnable
doit convenir , ſavoir qu'une conſcience
fauſſe & criminelle ne ſauroit nous juſtifier, & qu'une conſcience eſt fauſſe &
criminelle lorſqu'elle réſiſte à la vérité
connue , ou qu'elle néglige les moyens
néceſſaires pour la connoître. Donnons-
en un exemple.

Les presbytériens & les indépendans *
s'élèvent en Angleterre contre Charles I,
& ſous l'enſeignement de cette prétendue liberté , qui leur avoit fait ſecouer
le joug de l'égliſe pour en corriger les
prétendus abus, ils entreprennent de dé-
trôner le prince pour réformer ſon gouvernement. Ils ſoulèvent le peuple dans
toutes les provinces , ils prennent les
armes, Cromwel ſe met à leur tête, &
prétend être chargé au nom de la nation de défendre la liberté publique. Il
livre des batailles au roi, il le défait,
il ſe ſaiſit de ſa perſonne, & le fait condamner à mort.

Suppoſons que le prince, attaqué par

---

* Deux branches du calviniſme.

les rebelles, eût imploré le fecours de l'églife pour les contenir par la crainte de l'excommunication, & pour obliger le peuple à défendre le monarque contre les efforts du fanatifme ; vous y feriez-vous oppofé, en alléguant la prétendue confcience des rebelles ? Auriez-vous abfous Cromwel fur cette excufe ? auriez-vous juftifié fes partifans fur leur prétendue bonne foi ? auriez-vous opiné feulement à les inftruire, & à leur laiffer la liberté de fuivre les mouvemens de leur confcience, pour ne pas faire des hypocrites plutôt que de les obliger à céder à l'autorité ? Auriez-vous dit que les uns & les autres étant dans la bonne foi, le roi ne devoit point traiter les partifans de Cromwel comme des rebelles, par la même raifon que Cromwel ne devoit point punir les fidèles fujets du roi comme criminels ?

Or, changeons à préfent de nom, & la queftion fe trouvera toute décidée. L'églife, dans l'ordre de la religion, a droit fur l'obéiffance des peuples, comme le monarque dans l'ordre civil. Son droit n'eft ni moins inconteftable, ni moins manifefte : fon titre eft la miffion apoftolique dont elle a hérité par une fucceffion non-interrompue qui remonte jufqu'à Jefus-Chrift. Les fectaires font des enfans rebelles : vous ne sauriez donc les justifier sur leur fausse conscience, qu'en justifiant, sur leur prétendue bonne foi, les sujets qui se révoltent contre leur souverain ; donc, comme l'église doit protéger le prince contre ceux-ci, le prince doit aussi protéger l'église contre ceux-là. Ainsi on pèche d'abord lorsqu'on agit d'après les principes d'une fausse conscience : & tels sont les rebelles qui, méconnoissant l'autorité légitime qu'ils doivent & qu'ils peuvent connoître, s'efforcent de la détruire ; & on pèche encore lorsque, éclairé par une conscience droite, l'on n'agit pas conséquemment à ses principes, tel que seroit un prince qui soumis lui-même à l'église refuseroit de la protéger, ou un évêque qui, en rendant hommage à son souverain, négligeroit d'employer son ministère pour contenir les sujets dans l'obéissance.

Ne nous dites donc plus désormais, monsieur „ qu'on met les protestans qui „ veulent se marier dans la nécessité „ des deux choses, l'une ou de voir dé- „ clarer leurs femmes concubines, leurs „ enfans batards, & leurs personnes dé- „ crétées, ou bien de fouler aux pieds „ leur conscience (1)." Je vous répon-

____

(1) Pag. 29.

drai ce que vous répondriez vous-même à un fujet rebelle que vous frapperiez d'anathême, & qui vous accuferoit de le mettre dans la cruelle alternative ou de fouler aux pieds fa confcience, en vouant obéiffance à un maître qu'il traite d'ufurpateur, ou à fe voir privé de la grace du facrement ; vous lui répondriez vraifembablement, que le moyen d'éviter cette fâcheufe alternative, c'eft de redreffer fa fauffe confcience en ouvrant les yeux fur les titres qui manifeftent les droits du fouverain. Eh bien, voilà auffi ma réponfe, pour fe ranger à l'obéiffance.

Je ne fais en tout ceci, comme vous voyez, monfieur, que de développer les premières notions d'une morale puifée, non feulement dans la loi évangélique, mais encore dans la droite raifon. J'ai cru devoir infifter davantage fur cet article pour ne plus y revenir, & pour démontrer le ridicule des pitoyables raifonnemens qu'on fait tous les jours fur la prétendue bonne foi des incrédules, & que vous retournez en mille manières en faveur des hérétiques. Reprenons à préfent vos objections.

VII. „ Pour faciliter la réunion des „ proteftans, il faut commencer par lever „ le plus grand de tous les obftacles....

„ Cet obſtacle ne vient que de leur éloi-
„ gnement pour l'égliſe. Ils ſentent eux-
„ mêmes, quoiqu'ils ne l'avouent pas,
„ que la différence de leur égliſe à la
„ notre, eſt toute à notre avantage....
„ Il ne vient pas non plus de la croyance
„ de nos dogmes : leur oppoſition à cet
„ égard ſeroit très-facile à ſurmonter....
„ Quant à certaines pratiques conteſtées,
„ les proteſtans avouent eux-mêmes que
„ leur ſéparation ſeroit mal juſtifiée par
„ le refus de s'y ſoumettre. De plus la
„ variété des opinions, qui les partagent,
„ les a jettés, la plupart dans une ſi
„ grande indifférence pour la religion,
„ qu'ils ſont ſuſceptibles de la moindre
„ impulſion ſur cet objet. Les uns, chez
„ eux, ſont ſociniens, les autres ſont
„ partiſans de la religion naturelle. Plu-
„ ſieurs donnent dans un pyrrhoniſme
„ qui les enchaîne dans une telle apathie
„ en fait de croyance, que le moindre
„ événement favorable pourroit occa-
„ ſionner parmi eux une heureuſe ré-
„ volution... Mais le plus grand obſtacle
„ eſt leur antipathie pour le clergé qu'ils
„ regardent comme le boute-feu des
„ perſécutions. Il faudroit pour lever cet
„ obſtacle, que l'aſſemblée du clergé
„ s'intéreſſât auprès du roi pour obtenir
„ leur rétabliſſement dans tous les privi-

„ lèges compatibles avec tous les in-
„ térêts de la religion.“ *Pag. 15 & 21.*
Or, ces privilèges ne doivent pas se borner à certains avantages purement civils. Ils doivent nécessairement aboutir à l'exercice public de leur religion, avec la liberté d'avoir des temples, des prêches, des ministres. *Pag. 69 & 70.*

Réponse. Quoi ! monsieur, vous nous dites que les protestans sentent eux-mêmes que la différence de leur église à la nôtre, est toute à notre avantage ; que les uns sont sociniens, les autres déistes, la plupart dans une grande indifférence de religion, que tous sont principalement retenus par leur antipathie, c'est-à-dire, par leur haine contre le clergé ; & vous soutenez qu'ils sont dans la bonne foi ? & sur une pareille bonne foi, vous entreprenez de justifier leur obstination ? & vous dites, que c'est faire violence à leur conscience que de les empêcher de blasphémer contre nos dogmes sacrés, de répandre leurs erreurs, de séduire les fidèles, d'élever autel contre autel, que de les obliger à faire instruire leurs enfans dans la religion catholique ? & en considération de cette bonne foi, vous prétendez qu'on doit réformer les loix de l'état pour leur accorder la liberté de dire & de faire tout ce que leur inspire

eur conscience ? vous nous apprenez
que la plupart sont dans une si grande
indifférence, qu'il ne faudroit qu'une legère impulsion pour les ramener à l'unité ; & pour leur donner cette legère impulsion, vous voulez qu'on rappelle leurs
ministres, & qu'on les laisse jouir eux-
mêmes de certains avantages temporels,
dont la privation est un des moyens humains les plus propres à vaincre l'opi-
niâtreté de ces ames terrestres ? &
vous voulez qu'on se borne à les instruire, & qu'on les dispense cependant
de venir à nos instructions, puisque ce
seroit gêner leur conscience que de les y
obliger ? & vous voulez qu'on se repose
sur eux du soin d'instruire leurs enfans ?
& vous voulez qu'on laisse à leurs ministres la liberté de les confirmer dans
l'erreur ? & vous croyez que ces hommes indifférens seront plus faciles à ramener, lorsque réunis par un culte public, ils seront retenus par de nouveaux
liens ? lorsque, leurs ministres redouble-
ront leurs efforts pour les affermir dans
leur obstination, pour les pénétrer de
leurs sophismes ? lorsqu'ils leur inspire-
ront la force qui leur manque pour persévérer, & les artifices qu'ils ignorent
pour séduire ? lorsqu'ils les éloigneront
de nos églises, qu'ils combattront notre

doctrine, qu'ils intrigueront dans les familles, qu'ils fomenteront l'esprit de parti, qu'ils mettront enfin tout en œuvre pour rendre votre zèle infructueux ? croyez-vous qu'il vous sera plus aisé de ramener les protestans à la foi, & de garantir vos ouailles de la séduction (car elles doivent être le principal objet de votre sollicitude) quand vous aurez un ministre dans votre paroisse, & un prêche à côté de votre église ? croyez-vous que les ennémis de l'église feront leur paix avec elle, lorsque vous leur accorderez des chefs qui les animent au combat, & qui perdroient leur existence du moment que la paix seroit faite (1) ?

Vous assurez que l'opposition des protestans à la religion catholique, ne vient que de la prétendue persécution que le clergé leur a suscitée en sollicitant la révocation de l'édit de Nantes. Mais lisez dans nos histoires toutes les manœuvres qu'ils ont mises en usage avant la révocation de cet édit pour accréditer leur secte, pour pervertir les catholiques, pour s'opposer au zèle des pasteurs ;

____

(1) Comparaison d'une troupe de paysans révoltés, auxquels on donneroit pour les ramener à l'obéissance des officiers instruits & braves, avec le temps de les discipliner & de les aguerrir.

teurs ; lisez les satyres qu'ils ont publiées
& contre le clergé & contre leurs souverains ; voyez tous les excès enfin auxquels ils se sont livrés ; remontez encore plus haut, lisez l'histoire de l'église,
& vous verrez que ce n'est point de la
révocation de l'édit de Nantes, mais
de la naissance de l'église que date la
haine des hérétiques & des idolâtres
contre le clergé ; parce que le clergé a
toujours été l'ennemi le plus redoutable
de l'erreur, parce qu'il l'a constamment
combattue, qu'il l'a étouffée, qu'il a
humilié les sectaires, qu'il a déchiré le
voile dont ils se couvroient, qu'il a imprimé sur leur front une flétrissure inef-
façable, pour conserver jusqu'à nous la
pureté de la foi avec une fidélité inviolable, pour en défendre les intérêts avec
une intrépidité invincible au milieu des
contradictions & des orages, souvent
même aux dépens de leur liberté & de
leur vie : & vous, monsieur, qui recueil-
lez les fruits de leurs travaux, vous joi-
gnez votre voix à celle de l'hérésie pour
insulter à leur zèle, en leur donnant le
nom odieux de fanatisme ? Quelle persécution, par exemple, avoit éprouvée
Luther de la part du clergé, lorsqu'il
commença à vomir des torrens d'injures & contre les papes & contre les évé-

ques, & contre les prêtres ? Mais Luther avoit été condamné par le saint siège ; il étoit vivement combattu par le clergé d'Allemagne : en falloit-il davantage pour enflammer la bile du fougueux hérésiarque ? Quelle persécution avoit excitée saint Athanase contre les ariens ? Mais il étoit le plus illustre défenseur de la divinité de Jesus-Christ, voilà la cause des tempêtes qu'ils suscitèrent contre lui. Ils le dénoncent à Constantin comme un boute-feu ; ils éloignent le pasteur pour ravager la bergerie. Quelle douceur dans saint François de Sales ! Combien de fois cependant les calvinistes attentèrent-ils à sa vie ? Quelle charité dans saint Augustin ! Il fut pourtant en bute à la haine des hérétiques ; l'hérésie a-t-elle jamais pardonné à ses ennemis ? Mais cette animosité même des ennemis de l'église a toujours fait la gloire de ses défenseurs. Écoutez encore, monsieur, les sarcasmes des impies de nos jours contre les moines & les prêtres : ils veulent rendre la religion méprisable en avilissant ses ministres ; ils se vengent de leur zèle en exagérant les scandales que l'on ne voit hélas que trop souvent dans les sanctuaires : scandales qui viennent non de la part de ces hommes respectables qu'ils noircissent, leur seul crime est de combattre l'im-

été, mais principalement de la part de
ux qu'ils admettent dans leur intimité,
'ils préconisent dans les sociétés & qu'ils
puient toujours de leur protectio n. En-
, monsieur, depuis Jesus-Christ, qui
t mort victime de sa charité pour les
mmes, & qui a été condamné à
ort comme un séducteur, jusqu'à la
des siècles, la haine des hérétiques
toujours été & sera toujours la récom-
ense & la gloire des defenseurs de la
i. Il faudroit, pour cesser d'être odieux
ux ennemis de l'église, abandonner les
térêts de l'église elle-même qu'ils ca-
mnient, les intérêts de la divinité qu'ils
utragent, les intérêts de la foi qu'ils
orrompent. Mais malheur au pasteur
fidèle qui acheteroit une paix si hon-
euse aux dépens de ce qu'il se doit à
i-même, de ce qu'il doit à sa religion
aux fidèles confiés à ses soins.

VIII. ,, L'édit prive les protestans de
tous les avantages des citoyens. "
ag. 21.

Réponse. Point du tout, monsieur,
es protestans jouissent de la protection
les loix, pour leurs possessions, pour
ur commerce, pour la liberté civile,
our les distinctions attachées à leur
aissance ou à leur domaine. Lorsqu'ils

ont portés leurs conteftations devant
les tribunaux, jamais on ne leur a ob-
jecté leur croyance, jamais elle n'a re-
tardé le cours de la juftice qu'ils ré-
clamoient.

Les loix les privent à la vérité de certains avantages temporels, & leurs mariages n'ont aucun effet civil; mais accufer ces loix d'injuftice, c'eft blâmer
la piété des princes qui ont porté de
pareilles loix contre les hérétiques, c'eft
infulter à la fageffe de l'églife qui les
a follicitées ou approuvées, c'eft s'écarter même des principes de la foi ; car
la foi nous apprend, & tout catholique
eft obligé de l'avouer, qu'il n'y a que
la prévention, le refpect humain, l'indifférence de religion, l'efprit de parti,
l'intérêt perfonnel, ou d'autres confidé-
rations humaines; enfin qu'il n'y a qu'un
aveuglement volontaire qui retienne les
hérétiques dans l'erreur. Or fi cela eft,
pouvez-vous difconvenir que ce ne foit
un bien de contrebalancer ces motifs criminels par d'autres motifs humains, qui
en ramenant, pour ainfi dire l'ame dans
un état d'équilibre, diminuent les obfta
cles qui l'empêchent de fe rendre aux
impreffions de la vérité ? Feriez-vous
monfieur, un cas de confcience à un
père qui emploieroit les punitions & les

écompenses pour vaincre les inclinations
icieuses de ses enfans ?

Vous-même, n'avouez-vous pas que le
rince peut mettre un *contrepoids* aux
notifs qui entraînent les calvinistes dans
erreur, *en n'ouvrant l'entrée des char-*
es, des dignités, des grands emplois
u'aux catholiques, *tandis qu'on la tien-*
droit constamment fermée aux sectaires ?
Dr si les privations portées par les loix
ont violence à la conscience de ces derniers, celles que vous indiquez n'au-
ont-elles pas le même caractère ? ne
éront-elles pas encore un motif très-
puissant pour faire une foule d'hypocrites parmi des hommes qui vivent, selon
vous, dans une *grande indifférence*
pour la religion? Que si, au contraire,
celles que vous indiquez ne sont qu'une
simple invitation à s'instruire, qu'un
contrepoids aux passions humaines, comment les premières seroient-elles une vexation? & si elles sont une vexation, pourquoi les proposez-vous comme moyens
pour ramener les protestans à l'unité ?

IX. On fait des hypocrites, on occasionne des sacrilèges en les forçant à recevoir de leurs curés la bénédiction nuptiale pour procurer les effets civils à
leurs mariages. „ Les nouveaux mariés,
„ contens d'avoir dérobé le bénéfice de

C iij

„ la loi, se hâtent de mettre leur con-
„ science à l'aise, ou plutôt sont triste-
„ ment forcés de jouer un double per-
„ sonnage : huguenots sans oser le dire,
„ catholiques sans oser le paroître, te-
„ nant par le cœur aux premiers qu'ils
„ évitent, empruntant l'apparence des
„ autres qu'ils abhorrent. " *Pag. 35.*

Réponse. On pourroit vous demander ici, monsieur, comment les protestans empruntent les apparences des catholiques sans oser le paroître. Mais sans m'amuser à débrouiller l'énigme, je viens au fait, & je vous dis que la loi peut bien occasionner le mal par la malice de ceux qui en abusent, mais qu'elle ne le produit jamais de sa nature ; j'ajoute de plus, que si on doit supprimer la loi parce qu'elle occasionne des abus, il faudra supprimer les loix les plus sacrées, puisqu'il n'en est aucune dont on ne puisse abuser, & dont on n'abuse en effet quelquefois ? Je vous demanderai encore comment, vous qui voudriez rendre la loi responsable de l'hypocrisie de ceux qui en abusent contre son intention voulez-vous lui substituer une nouvelle loi qui favoriseroit les plus grands abus en protégeant des alliances que l'église réprouve ?

La loi fait des hypocrites ; mais combien n'a-t-elle pas opéré des converſions?

Or, faudroit-il abandonner le ſalut des uns, parce que les autres en abuſent? L'hypocriſie eſt un mal; mais que d'autres maux n'empêche-t-elle pas? que de déſordres, que de profanations, que de guerres civiles, que d'horreurs n'eût-elle pas prévenus? Par-là même que les proteſtans prendront le maſque de l'hypocriſie, ils ne dogmatiſeront plus, ils ne blaſphémeront plus contre nos ſaints myſtères, ils ne déclameront plus contre l'égliſe romaine, ils ne s'éleveront plus contre ſes paſteurs, ils ne participeront plus extérieurement à un culte ſchiſmatique, ils ne cabaleront plus, ils n'intrigueront plus, ils ne ſéduiront plus. Étant plus éloignés de leur ſecte, ils le ſeront auſſi davantage de l'eſprit de parti & de leurs aſſemblées de religion. Étant plus près de l'égliſe, ils ſeront plus à portée de s'inſtruire, ils ſe trouveront plus liés avec les catholiques; ils éclairciront leurs doutes ſur la vérité de nos dogmes, ils ſe dépouilleront inſenſiblement de leurs préventions, ils s'accoutumeront à réfléchir ſur les titres auguſtes qui conſtatent la ſainteté de notre religion, & ſentant d'ailleurs, comme vous nous l'apprenez, la ſupériorité de l'égliſe romaine ſur le proteſtantiſme, ils n'auront plus qu'un pas à faire pour revenir ſincérement à l'unité. Que ſi malgré tous les moyens de s'inſtruire, il en eſt encore qui perſévèrent dans l'erreur, croyez-vous, monſieur, qu'ils l'abjureroient en continuant à fréquenter leurs prêches ? Enfin, ces demi - huguenots ne conſpireront plus contre l'égliſe, ni contre l'état. Leurs enfans ſeront élevés dans la religion catholique : ils recueilliront les tréſors de la foi, dont les parens ſe feront rendus indignes ; & leur poſtérité donnera des enfans ſoumis à l'égliſe & des ſujets fidèles à l'état. Il n'y auroit plus aujourd'hui des proteſtans en France, s'il n'y avoit eu que des proteſtans hypocrites : voilà le bien que produiroit du moins la loi. Quel bien réſulteroit-il de la liberté que vous voudriez introduire ?

C'étoit-là une des conſidérations qui avoient porté ſaint Auguſtin à applaudir aux édits des empereurs contre les donatiſtes (1). Or, pour juger ſainement de la ſageſſe des loix, il faut balancer les inconvéniens avec les avantages qui en réſultent.

La conſcience des curés, ajoutez-vous, ſe trouve tourmentée par la répugnance

____

(1) Voyez le n°. ſuivant.

qu'ils ont à donner les sacremens à des protestans déguisés en catholiques. Mais les curés sont instruits des règles : ils jugent dans le tribunal de la pénitence sur l'accusation des pénitens ; hors de là ils se déterminent d'après une certaine notoriété prescrite par les loix; & lorsque, avec un cœur droit, ils tâchent de se conformer aux règles, leur conscience est en sûreté : les surprises faites à leur religion, ne rendent alors coupables que les hypocrites. Mais si la loi doit diriger le ministre, la crainte de violer la loi par l'incertitude que peut causer la variété des circonstances dans l'application, ne doit pas être une raison pour l'abroger.

X. ,, Parmi les protestans convertis,
,, les curés en ont-ils vu beaucoup ne
,, pas rougir de leur conversion, &
,, même ne pas finir par une apostasie
,, secrète, qui comble la mesure de leurs
,, iniquités ? `` *Pag. 36.*

Réponse. Si vous interrogez vos confrères, monsieur, ils vous répondront qu'oui (1). Eh ! comment le plus grand nombre pourroit-il rougir de sa conver-

___

(1) On comptoit en Languedoc , en 1734 198,478 calvinistes convertis , outre 440 chefs de famille gentilshommes. Voyez ci-après lettre 7me.

fion, puifque, de votre aveu même, le plus grand nombre eft indifférent fur la religion, le plus grand nombre fent intérieurement la fupériorité de l'églife catholique fur la prétendue réforme? Vos confrères ajouteront que plufieurs de ces nouveaux convertis rendent publiquement gloire à la foi qu'ils ont embraffée par l'exemple confolant des plus héroïques vertus. Ils vous citeront des calviniftes qui fe font convertis dans leur dernière maladie, & ne vous citeront aucun nouveau catholique qui ait apoftafié à l'article de la mort : & ils en concluront que ce n'eft donc point contre l'églife romaine, mais contre l'églife réformée, que réclame la confcience des proteftans. Quant aux *apoftafies fecrètes* que vous connoiffez, ils vous répondront, comme de raifon, qu'ils n'en ont point ouï parler.

XI. „ Vous devez favoir que la con-
„ verfion réelle ne peut être que le fruit
„ de la grace; que le tréfor des graces
„ n'eft que dans les mains du Père des
„ lumières ; que l'efprit fouffle où &
„ quand il veut. Ainfi quand vous fai-
„ tes dépendre les mariages des pro-
„ teftans de la réalité de leur conver-
„ fion, c'eft comme fi vous difiez à
„ Dieu : Seigneur, vous voulez que les

,, hommes, pour la propagation du genre
,, humain, se marient ; mais nous nous
,, y opposons, à moins que vous ne
,, vous dépouilliez du droit de distri-
,, buer des graces selon les règles d'une
,, miséricorde & d'une justice qu'il ne
,, nous appartient pas de sonder. Ou
,, rendez-les protestans catholiques, ou
,, nous les enchaînerons dans le célibat.``
Pag. 33.

Réponse. Oh ! pour le coup, monsieur
le curé, vous justifiez un peu trop le
soupçon de votre évêque sur votre catholicité. Vous ne voyez donc pas qu'at-
tribuer la persévérance dans le mal au
refus que Dieu fait de ses graces, c'est
supposer que la conversion est impossible
quand on ne se convertit pas, puisqu'on
manque alors de la grace qui la rend
possible ? Vous ne voyez donc pas que
vous allez mettre tous les scélérats à leur
aise, en rejettant sur Dieu même les reproches qu'on voudroit leur faire de leurs
crimes ? & que vous vous trouverez ainsi
sans y penser dans le parti de ceux dont
vous ne vous croyez être que l'apologiste.
Le criminel qu'on mène au supplice n'eût
pas manqué d'être absous, si lui & ses
juges eussent connu votre argument :
messieurs, leur eût-il dit, *ignorez-vous
qu'éviter le mal & faire le bien, c'est*

le fruit de la grace? que le tréfor des graces n'eſt que dans les mains du Père des lumières? que l'Eſprit-faint ſouffle où il veut? Exigeriez-vous que, pour m'empêcher de plonger le poignard dans le ſein de mon frère, *Dieu ſe dépouillât du droit qu'il a de diſtribuer ſes graces ſuivant les règles d'une miſéricorde & d'une juſtice qu'il ne nous appartient pas de ſonder?* Me punir d'un crime que je n'ai pu éviter, ne ſeroit-ce pas l'accuſer lui-même de ne m'avoir pas donné le pouvoir d'être meilleur? Comment auriez-vous répondu, monſieur, à cette apoſtrophe, ſi vous aviez été du nombre des juges?

XII. Mais n'y auroit-il pas moyen d'aſſurer la légalité des mariages des proteſtans ſans expoſer la ſainteté du ſacrement? „ On pourroit ſolliciter une dé-„ claration nouvelle qui fermât nos égliſes „ aux profanateurs qu'on y traîne, qui „ déchargeât du poids accablant la con-„ ſcience de pluſieurs curés qui ne prê-„ tent qu'à regret leur miniſtère, & qui „ permît enfin aux proteſtans de ſe ma-„ rier devant les tribunaux ſéculiers, „ d'y cimenter leur union par la force „ d'un contrat civil, de la conſtater „ par des témoignages enregiſtrés. Par-„ là, ils appoſeroient à leur mariage le

,, ſceau authentique qui , tout-à-la-fois ,
,, ſauveroit leurs alliances des inconvé-
,, niens de la clandeſtinité, & leur com-
,, muniqueroit , de l'aveu de tout le
,, monde, l'avantage de la légitimité. ``
Page 36 & 37.

Réponſe. Il ne faut , monſieur , pour
répondre à votre queſtion , que rappeller
ce que je viens de dire au ſujet de ces
mariages, en oppoſant les inconvéniens
de la loi, qui les réprouve aux maux
qu'elle prévient , & au bien qu'elle
opère. Quelle raiſon nous allégueriez-
vous à préſent pour révoquer cette loi ?

Seroit-ce le bien de l'état ? mais il eſt
du bien de l'état, que les deux puiſſances ſe prêtent la main pour protéger leurs
loix reſpectives. C'eſt de leur concert
que dépend l'harmonie de la ſociété , le
maintien de l'ordre & de la tranquillité publique. Il eſt du bien de l'état que
les loix protectrices de la religion , &
qui ont leur fondement dans le droit
naturel & divin, ſoient obſervées , &
que cette religion ſainte qui eſt le plus.
ferme appui du trône , ſoit maintenue
dans tous ſes droits. Il eſt du bien de
l'état que le calviniſme qui a toujours
été une ſource malheureuſe de diviſions
& de troubles , & que les graces n'ont
fait qu'enhardir , ſoit humilié , qu'il ſoit

extirpé. Les proteftans avoient la liberté de fe marier avant la révocation de
l'édit de Nantes : & c'eft juftement dans
ce temps qu'ils ont caufé les plus grands
ravages. Tout eft tranquille, aujourd'hui
que leurs mariages font prohibés, feroit-
il du bien de l'état de nous expofer à
voir revivre nos anciens troubles?

Allégueriez-vous l'intérêt de la religion? mais c'eft pour l'intérêt de la religion, c'eft pour affermir l'autorité de
l'églife, c'eft pour lui conferver les droits
de l'apoftolat, c'eft pour prévenir l'in-
fraction des faints canons, c'eft pour
contenir les ennemis de l'églife, que la
loi a été portée.

Allégueriez-vous l'intérêt des catholiques? mais les catholiques qui compo-
fent la très-grande partie de la nation,
fe trouvent par la loi même, à l'abri de
la féduction, des fcandales, de tous les
malheurs qu'ils ont tant de fois éprou-
vés. Eh! que recevroient-ils en échange?

Allégueriez-vous l'intérêt des proteftans? mais une loi qui pour procurer
aux fectaires certains avantages temporels, leur faciliteroit le moyen de défo-
béir impunément au précepte de l'églife,
de former des unions illicites, de féduire
les catholiques, de perfévérer eux-mêmes dans l'erreur, une telle loi feroit-

elle aux yeux de la foi réellement avantageuse aux sectaires ? Or, il n'y a pas deux vérités ; & ce qui est funeste aux yeux de la foi, ne doit jamais paroître avantageux aux yeux du chrétien.

A quel titre d'ailleurs les protestans prétendroient-ils que, pour favoriser leurs mariages, on dérogeât à des loix qui, en unissant les deux puissances, sont si étroitement liées elles-mêmes avec l'intérêt de l'état & de l'église ? Seroit-ce à raison de tous les désordres qu'ils ont commis ? car il n'est point de mal qu'ils n'aient causé, & point de bien qu'ils aient fait ? seroit-ce à raison de la fidélité qu'ils ont jurée, & qu'ils ont tant de fois violée ? à raison des promesses qu'ils ont faites & qu'ils n'ont jamais tenues ? à raison de leur esprit d'indépendance, de leur haine contre l'église, de leurs principes séditieux contre toute autorité ? à quel titre donc, encore une fois, demanderoient-ils qu'on dérogeât à des loix sacrées auxquels ils s'obstinent à désobéir ? à quelle fin le demanderoient-ils ? pour persévérer dans leur obstination, en profanant des alliances qui ont des suites si importantes pour la société. Mais comment y déroger ? Par des dispositions qui opéreroient selon vous le rétablissement de la religion protestante dans le royaume ; & qui de plus, occasionneroient l'apostasie des mauvais chrétiens, afin de lever les obstacles que les loix de l'église opposeroient à leurs mariages. Par des dispositions qui ayant pour base la prétendue bonne foi des protestans, & prenant par conséquent leur conscience pour règle, devroient non seulement leur laisser la liberté de se marier, mais encore la liberté de rompre leurs mariages dans le cas d'adultère, ou de longue absence de l'une des parties, dans le cas d'incompatibilité d'humeur, dans tous les cas enfin où ils prétendent que leurs mariages peuvent être dissous. Par des dispositions qui formeroient comme deux peuples dans un même état, & qui nous replongeroient dans l'abyme dont nous sommes sortis. Que le prince fasse éprouver les effets de sa bonté à des rebelles qui s'avouent coupables, la religion & l'humanité applaudiront à sa clémence : mais que leur obstination même soit un titre à des graces qui deviendroient funestes, & au prince, & à l'église & à la société, & qui leur seroit funeste à eux-mêmes (1), c'est ce qu'aucune loi ne permettra jamais, hors le cas d'une nécessité absolue & pour le salut de l'état.

----

(1) Voyez ci-après lettre 7me.

Si la loi fait porter aux enfans des calvinistes la peine de l'union illégitime qui
leur a donné naissance, cette sévérité n'a
pour but que d'engager les pères à se
conformer à l'ordre établi dans la société.
Les enfans nés d'un concubinage éprou-
vent la même rigueur, quoiqu'ils soient
aussi innocens ; & personne ne réclame
en leur faveur, parce qu'on sent que le
bien public doit toujours l'emporter sur
l'intérêt particulier.

Qu'on distingue, si l'on veut, les
premiers par des exceptions particulières :
qu'on adoucisse leur sort : ce sont les
vœux de mon cœur ; mais qu'on imprime toujours aux mariages qui leur ont
donné naissance, une flétrissure qui annonce l'improbation de l'église & du gouvernement ; & que sur-tout pour empêcher la propagation de la secte & la
séduction des fidèles, on veille à l'exécution des édits contre les prêches &
contre les ministres. On sait que le mépris de la loi conduit toujours au mépris
de l'autorité.

Mais je ne m'apperçois pas, monsieur,
que vous voulez nous faire prendre le
change, pour nous amener par un chemin détourné, au système d'une tolérance absolue en feignant de vous attendrir sur l'état des enfans de calvinistes.

Car enfin ces enfans ne portent point dans la fociété l'infamie attachée à la honte d'un odieux concubinage : ils jouiffent de l'état de leurs pères : ils recueillent réellement leur fucceffion, fuivant la jurifprudence ordinaire des tribunaux (1). Et il eft très-rare qu'on la leur contefte, encore plus qu'on parvienne à les en dépouiller. Pourquoi donc bâtir un nouveau fyftême de légiflation fur la confidération de maux fictices, ou du moins de maux réduits à des bornes fi étroites, que quand même ils fe réaliferoient à l'égard de quelques particuliers, ils ne devroient jamais bleffer l'intérêt général de la nation ? Seroit-ce pour faire illufion à notre cœur en faveur de votre fyftême ? mais nous aurons occafion de revenir fur cet article. En voilà fuffifamment pour aujourd'hui : je crois vous en avoir dit affez pour vous faire voir que votre politique n'eft conforme ni à l'efprit de l'églife, ni à l'intérêt de la fociété, ni à la fûreté du gouvernement ; & je vous laiffe à vos réflexions en vous renouvellant les fentimens avec lefquels j'ai l'honneur d'être,

Monfieur,

Votre, &c.

____

(1) Voyez ci-après lettre 7me.

LETTRE III.

Votre charité sembloit devoir se borner, monsieur, à solliciter la liberté des mariages protestans ; c'étoit du moins ce que portoit le titre de votre dialogue. Mais vous n'aviez garde de rester en si beau chemin, & vous ne vouliez pas d'ailleurs révolter vos lecteurs en leur annonçant d'abord tout le dessein de votre ouvrage. Vous passez donc de la liberté des mariages à la liberté de la religion : & c'est ici principalement que brille votre éloquence, mais je cherche des raisons. Je trouve sur mon chemin un article sur les jésuites que je passe. Je vois seulement que vous aimeriez encore mieux être huguenot que jésuite ; & je viens à notre thèse.

XIII. ,, Comment, dites-vous, désabu-
,, ser les protestans, si on ne leur pro-
,, cure un état calme & tranquille, qui
,, mettant leurs consciences à leur aise
,, & leur esprit en liberté, facilitera sur
,, *leur entendement* l'effet de nos rai-
,, sons, & dans leurs cœurs l'entrée de
,, la verité.'' *Page 44 & 45.*
Réponse. Il faut, j'en conviens, pro-

curer aux proteſtans un état calme. Il
faut leur laiſſer la liberté néceſſaire pour
examiner, pour réfléchir. Mais au ſortir
de vos inſtructions publiques, où de vos
conférences particulières, les proteſtans
n'ont-ils pas toute la liberté néceſſaire
pour peſer vos raiſons, & pour approfondir les motifs ſecrets qui les retien-
nent dans l'erreur ? Penſez-vous qu'à
moins qu'ils n'aient des prêches & des
temples, ils ne comprendront jamais
que l'autorité de l'apoſtolat ne réſide
que dans les ſucceſſeurs des apôtres,
& que leur réforme étant ſans miſſion,
ils n'ont plus d'autorité viſible capable
de fixer leur croyance, plus de centre
d'unité, plus de moyens de s'aſſurer des
dogmes qu'ils profeſſent ? Cependant,
jamais plus de converſions que depuis
que les calviniſtes ont perdu cette liberté
que vous voudriez leur redonner pour
faciliter ſur leur entendement l'effet de
nos raiſons.

XIV. „ Ce n'eſt pas l'héréſie, quoi-
„ que bien ſuffiſante pour perdre... c'eſt
„ plutôt le ſchiſme, qui, rompant tout
„ commerce entre nous (& les proteſ-
„ tans), ne permettant ni rapports, ni
„ conférences, ni communications de
„ lumières, ne nous laiſſe que la triſte
„ aſſurance de la perte éternelle de l'un

„ des deux partis. Pour remédier au
„ mal, il faut commencer par renver-
„ ſer le mur de diviſion, éteindre les
„ haines, ſe rapprocher, ſe voir, s'en-
„ tendre, & venir au point où en
„ étoit avant la ſéparation.“ *Page 53.*

Réponſe. Permettez-moi de vous le
dire, monſieur, vous vous expliquez
mal, & vous expoſez faux.

Premiérement, vous vous expliquez
mal; que voulez-vous dire par ces paroles : *C'eſt plutôt le ſchiſme que l'hé-*
réſie qui, rompant toute communication
entre nous, ne nous laiſſe que la triſte
aſſurance de la perte éternelle de l'un
des deux partis. Il faut renverſer le
mur de diviſion, il faut en venir au
point où en étoit avant la ſéparation.

Prétendez-vous que nous devons au
moins nous réunir aux proteſtans, les
admettre à nos ſaintes cérémonies, n'a-
voir plus qu'un même temple, qu'un
même autel, enfin ne faire plus extérieurement avec eux qu'un même peuple? C'eſt au moins ce que vous pa-
roiſſez faire entendre. Mais ſaint Paul
auroit donc ignoré les règles de la prudence chrétienne, lorſqu'il recommandoit à ſon diſciple d'*éviter l'hérétique*
qui auroit réſiſté *à une première & ſe-*

conde correction (1)? Auroit-il donc
oublié les préceptes de l'évangile, lorfqu'il ordonnoit aux corynthiens de fe
féparer de l'inceftueux qui les avoit fcandalifés (2)? L'églife auroit donc violé
la charité chrétienne, lorfqu'elle fe fé-
paroit en effet de la communion des
marcionites, des ariens, des neftoriens,
&c. (3) Les fidèles auroient donc violé
la paix, lorfque, défertant des temples
qui étoient en la poffeffion des hérétiques, ils s'affembloient hors des villes,
lorfqu'ils honoroient comme martyrs ceux
qui avoient mieux aimé fouffrir la mort

____

(1) Hæreticum hominem poft unam & fecundam
correctionem devita. *Tit.* 3, ℣. 10.

(2) 1. Cor. 5.

(3) Je ne citerai ici qu'un feul canon de la pri-
mitive églife, tiré des conftitutions apoftoliques,
à l'égard des hérétiques. ,, Separez, écartez des fi-
,, dèles les impies hérétiques non péniteus, dit
,, le 18me canon de ces conftitutions; interdifez-
,, leur l'entrée de l'églife afin que les fidèles les
,, évitent en toute façon, & qu'ils n'aient aucune
,, communication avec eux, ni dans leurs entretiens ni
,, dans leurs prières. Ennemis infidieux de l'églife, ils
,, corrompent le troupeau, ils déshonorent l'héritage
,, (de J. C.). Le Seigneur a prononcé contr'eux cette
,, fentence rigoureufe & févère, & qu'ils étoient
,, des faux Chrifts & des faux maîtres qui blafphé-
,, moient contre l'efprit de grace, & qui après
,, avoir reçu la grace méprifoient indignement fes
,, dons, &c.

ue de fouiller leur conscience en com-
nuniquant avec les sectaires ?

Je vais encore plus loin ; les calvinistes
nt élevé les premiers le mur de *sépa-
ation* que vous nous exhortez à renverser ; ils se font souftraits à l'obéissance
les pasteurs légitimes, pour suivre de
aux pasteurs qui, n'ayant aucun carac-
ère, ou qui ayant été dépouillés du droit
lu saint ministère, n'avoient aucune mis-
ion pour l'exercer ? Ils ont déclarés eux-
mêmes, pour justifier leur schisme, qu'ils
ne pouvoient plus rester dans l'église
romaine, sans participer à la prétendue
idolâtrie dont ils l'accusoient ? ils ont
soutenu que ses pasteurs n'étoient que
des bourreaux, carnifices, qu'il n'étoit
nullement à craindre qu'en se séparant
d'eux, on se séparât de la véritable
église : je vous renvoie là-dessus, monsieur, au témoignage de M. Nicolle (1).

Est-il d'ailleurs en notre pouvoir de
renverser le mur de division qui nous
sépare des protestans ? car il faudroit pour
renverser ce mur que nous n'eussions
plus que les mêmes ministres, & le même chef : puisque c'est en cela que con-
siste l'unité de tout gouvernement exté-

____

(1) Voyez entr'autres son traité des protestans
convaincus de schisme.

rieur. Il faudroit que nous reconnuffions l'autorité de leurs prédicans ; ce que vous ne nous confeillerez point fans doute, ou qu'ils fe foumiffent à l'autorité des évêques catholiques, ce qu'ils ne feront certainement pas.

Vous prétendez encore que la déftruction de ce mur de féparation feroit utile à l'églife ; mais confidérez qu'en vous confondant avec eux, ce feroit leur donner moyen d'infinuer leurs erreurs, & d'infpirer au moins des doutes fur la vérité de nos dogmes ; en perfuadant aux fidéles que n'ayant qu'un même temple & un même autel avec nous, ils n'ont auffi qu'une même foi, & que les vérités qu'ils conteftent font encore indécifes ? au lieu que la féparation extérieure, & aux yeux du peuple, eft le figne le plus manifefte & le moins équivoque de l'anathême dont l'églife a frappé l'héréfie, & qu'elle eft le moyen le plus fûr pour avertir les fidéles de fe tenir en garde contre les feétaires.

J'ai dit en fecond lieu, que vous expofez faux, en fuppofant que notre féparation rompt tout commerce *entre nous & les proteftans*, & qu'elle ne nous permet plus *ni rapports ni conférences ni communication* de lumiéres ; car les proteftans font encore au milieu de nous,

ils

ils ont la liberté de venir à nos inſtructions publiques? ils y ſont appellés? ils
ſont même obligés de s'y rendre en certains cas dans les paroiſſes où les ordonnances ſont obſervées ; ils y ont été
inſtruits dans leur enfance des premiers
élémens de la religion catholique ; les
paſteurs , les miſſionnaires leur offrent
des conférences pour réſoudre leurs doutes ; & telle a été , dans tous les temps,
la pratique de l'égliſe à l'égard des hérétiques, en les ſéparant de ſon ſein , elle
n'a jamais ceſſé de leur tendre la main
pour les inviter à s'y réunir.

Il eſt encore faux que le mur de ſéparation ne nous laiſſe que la triſte aſſurance de la perte des proteſtans ou de
la nôtre ; car il eſt de notoriété publique qu'un grand nombre de familles ſont
rentrées dans le berçail depuis la révocation de l'édit de Nantes ; que le nombre en diminue tous les jours par les
converſions qui s'opèrent, & qui nous
font eſpérer qu'en veillant au maintien
des loix nous verrons enfin tous nos frères errans ſe réunir à nous. Vous-même,
monſieur, vous êtes obligé de convenir
de la réalité des converſions, lors même
que vous vous efforcez d'en diminuer
le nombre.

D

XV. „ Quelle douleur, dira-t-on, se-
„ roit-ce pour les évêques, d'avoir in-
„ troduit dans le royaume, un peuple
„ d'hérétiques, qui grossiroit tous les
„ jours par la fécondité de leurs maria-
„ ges & par le retour des expatriés qui
„ reviendroient en foule dans un pays
„ qu'ils regrettent ; mais aussi quelle joie
„ seroit-ce pour des pasteurs, si, rame-
„ nant une foule de brebis égarées à la
„ porte du berçail, ils avoient la con-
„ solation de les voir rentrer ! Et dans
„ l'incertitude même si elles y rentre-
„ ront, où seroit le mal de les conduire
„ jusqu'à la porte ? “ *Page 68.*

Réponse. Où seroit le mal ? Vous nous
l'indiquez vous - même, monsieur, en
nous disant qu'une foule de protestans
expatriés viendroit se joindre à deux
millions d'autres qui sont encore, selon
vous, dans le royaume. Vous nous l'apprenez en nous disant que ce peuple de
sectaires grossiroit tous les jours par la
fécondité de leurs mariages, & par conséquent qu'il deviendroit plus redoutable, plus difficile à contenir, plus capable d'exciter les plus grands troubles,
s'il venoit à se soulever, comme les sectaires l'ont toujours fait, lorsqu'ils sont
devenus assez puissans pour se faire
craindre ; le mal seroit donc, monsieur,

de nous exposer à voir revivre tous les malheurs qui ont désolé la France, tant que les protestans ont joui de cette liberté, qui devoit selon vous cimenter l'union des citoyens, & assurer la tranquillité publique : le mal seroit de nous exposer à voir renouveller les scènes tragiques qui ont dévasté l'Allemagne, la Hollande, l'Angleterre, où l'hérésie a éteint le flambeau de la foi, & où elle tient encore les catholiques sous le joug. Le mal seroit de nous exposer à voir renaître les scandales qui ont perverti tant de chrétiens (1). Mais de plus où seroit le bien ? S'il y avoit un peuple de pestiférés dispersés dans l'Europe, seriez-vous tenté, monsieur, d'inviter le prince à les attirer aux portes de la capitale, afin de leur administrer des secours qu'ils s'obstineroient à refuser? Quelle joie pourtant, si, rapprochant de vous une foule de malheureux, vous aviez la douce consolation de leur conserver la vie ! & dans l'incertitude si vous réussirez, seroit-ce un mal de tenter ? Mais vous n'oseriez : pourquoi donc ? parce que ce seroit pour la vie de tous les citoyens. Et vous cependant, oui, vous-même, monsieur, qui dites fort bien que la

______

(1) Voyez là-dessus lettre 7me.

perte d'*une seule ame* eſt un plus grand
mal que ne ſeroit l'embrâſement de Paris;
vous qui ſavez que les diſcours empoi-
ſonnés des hérétiques gagnent comme
la gangrène, & qu'un peu de levain corrompt toute la maſſe, vous qui tremble-
riez à l'approche de ces hommes peſtifé-
rés, vous nous demandez ici froidement
où ſeroit le mal d'expoſer tant d'ames à
périr.

XVI. „ Si l'on propoſoit à nos prélats
„ de demander pour les hérétiques le li-
„ bre exercice de leur religion, l'érec-
„ tion de leurs temples & l'autoriſation
„ pour leurs aſſemblées, ils auroient rai-
„ ſon ſans doute de rejetter avec indi-
„ gnation un projet qui éleveroit autel
„ contre autel, & placeroit l'idole de
„ Dagon devant l'arche. Ce n'eſt point
„ là (auſſi) l'affaire des évêques, mais
„ celle de ſa majeſté, qui dans ſon con-
„ ſeil, ſuivant les vues de ſageſſe & de
„ prudence qui le dirigent, mettra des
„ bornes convenables à l'exercice d'un
„ culte qui, j'en conviens, ne ſauroit
„ être conteſté... Car que veut-on? Que
„ les proteſtans admettent un Dieu ſans
„ l'adorer, un Chriſt ſans croire en lui?
„ Le vouloir, ce ſeroit à la fois deman-
„ der leur exiſtence & leur anéantiſſe-
„ ment... On ſait qu'un peuple ſans re-

ligion est un assemblage monstrueux,
& qu'une religion sans culte est un
vain fantôme. Ce seroit, sans doute,
un crime dans les évêques de solliciter
pour les hérétiques la liberté de leur
culte, mais c'en seroit un aussi dans
le ministère de ne pas le tolérer après
leur admission." *Pag. 67 , 68 , 69 & 70.*

Réponse. Il étoit aisé de s'appercevoir
que vos raisonnemens en faveur des mariages des protestans, devoient vous mener plus loin. Car si on ne doit pas selon vous gêner la conscience des protestans sur les mariages, on ne doit pas
non plus la gêner sur tout ce qui con-
cerne leur religion. On ne doit pas leur
interdire leur culte, leurs prêches, leurs
assemblées, on ne doit pas captiver leur
zèle pour la propagation de leur secte,
& dès-lors encore, on ne doit pas les
empêcher de blasphémer contre nos saints
mystères qu'ils traitent d'idolâtrie, ils
ne sauroient obéir sans trahir leur conscience. Vous avouez pourtant que leur
culte est une abomination : mais là-
dessus il se présente un doute que je
vous prierai d'éclaircir.

On ne sauroit selon vous permettre
les mariages des protestans, sans leur
permettre l'exercice de leur religion;
mais si cette religion est une abomi-

nation, comment ofez-vous folliciter là liberté des mariages dont elle eft une fuite néceffaire ? Car il eft de maxime qu'une action moralement bonne, ne peut conduire néceffairement à un cri- me. Quoi ? vous accufez la loi qui pro- hibe les mariages des proteftans des pro- fanations qu'elle occafionne contre fon intention , & vous faites en même temps un devoir au prince de lui fub- ftituer une autre loi, qui introduiroit felon vous de fa nature & par un prin- cipe de juftice & d'humanité un culte qui eft une abomination. Vous feriez un crime aux évêques de folliciter la liberté de religion, & vous faites un crime au prince de la refufer ? Que devroient donc répondre les évêques, s'ils étoient con- fultés par le prince ? Répondroient-ils qu'il doit refufer cette liberté ? Mais fi ce refus étoit un crime, ils ne doivent pas héfiter à refufer cette liberté, & fi cette religion eft une abomination, ils ne doivent pas confeiller de la permet- tre. Votre dernier mot, je vous prie, monfieur, fur cette queftion.

XVII. ,, Quand même vous obtien- ,, driez une ordonnance pour défendre ,, fous des peines afflictives toute affem- ,, blée religieufe, tout culte, tout exer- ,, cice de religion, cette rigoureufe or-

„ donnance auroit deux vices essentiels ;
„ elle seroit inutile & dangereuse.

„ D'abord elle seroit inutile, parce
„ que tous les rois se réuniroient en
„ vain pour vaincre le cri de la con-
„ science vraie ou fausse, qui ordonne
„ d'obéir à Dieu plutôt qu'aux hom-
„ mes : la résistance à leurs édits aug-
„ mentera à proportion de leur rigueur.“
Page 72.

Réponse. C'est-à-dire, monsieur, que
si le nombre des protestans vient à s'accroître par la fécondité de leurs mariages, comme vous l'assurez, & par une
foule d'étrangers qui se joindront à eux,
& que s'ils se rendent assez puissans
pour résister au prince, il ne sera plus
possible de les contenir contre *le cri de
leur conscience vraie ou fausse* ; c'est-
à-dire que la digue que leur opposeront
les loix, ne fera alors qu'augmenter leur
résistance, & qu'ils se porteront aux derniers excès, si le prince veut déployer
contr'eux toute la force de son autorité ;
& d'après vous concluez qu'on doit leur
accorder des prêches, des temples, des
ministres : je laisse au lecteur à prononcer.

D'ailleurs, est-il bien vrai que les ordonnances qui *défendent toute assemblée
de religion, soient inutiles ?* non, sans
doute ; & personne autre que vous ne

croira jamais que les assemblées des protestans soient aussi fréquentes, aussi publiques qu'auparavant, que leurs temples & leurs ministres étoient aussi nombreux ; qu'ils soient aussi hardis eux-mêmes à publier leur doctrine & leurs satyres, à former des entreprises, à insulter à notre sainte religion ; certainement le cri de leur conscience ne suffira pas tout seul pour leur élever des temples lorsqu'on les en empêchera, ni pour les faire aller au prêche lorsqu'ils n'auront plus de ministres : les ordonnances ne seront donc pas inutiles.

XVIII. „ Je veux que les ordonnan-„ ces soient exécutées ; qu'arrivera-t-il „ à ce peuple déja malheureux de ne pas „ connoître la vérité ? C'est qu'il perdra „ bientôt le peu qu'il possède : les ca-„ naux de l'instruction étant rompus, „ l'ignorance substitue l'imagination à „ la conscience, les caprices aux règles, „ à la dévotion des simagrées, à de „ bonnes pratiques des superstitions. Eh ! „ que doit-on attendre d'une multitude „ qui n'a que les sens pour guide, ni „ pour oracle qu'un sentiment intérieur, „ capable de renouveller jusqu'aux sen-„ timens du paganisme.“ *P. 72 & 73.*

Réponse. On diroit, monsieur, à vous entendre qu'en interdisant les assemblées de religion aux proteſtans, on va les diſperſer dans les terres auſtrales ; mais obligés par leur poſition même à connoître nos dogmes, ne fût-ce que dans le deſſein de les combattre ; parlant à tout moment de religion avec les catholiques, ils ont nos livres, ils ont les leurs, ils ont la liberté de venir à nos inſtructions publiques, ils y ſont invités ; vous parlez donc ici de la notoriété des faits.

XIX. „ Quoi l'on permet aux rabbins
„ de Metz, de Bordeaux, de Bayonne,
„ de dire dans leurs ſynagogues que les
„ apôtres étoient des impoſteurs, leur
„ Maître un poſſédé, & l'évangile un
„ ouvrage de menſonge ; & l'on défend
„ aux abbadies, aux ſorins, aux brunets
„ de démontrer publiquement la divinité
„ de Jeſus-Chriſt, ou de prouver à leurs
„ proſélytes la réalité du ciel & de l'en-
„ fer. Pourquoi ? parce qu'aux bonnes
„ preuves qu'ils en donneront, ils join-
„ dront de fort mauvaiſes raiſons con-
„ tre l'euchariſtie & le purgatoire.“ *P. 74.*

Réponſe. Voudriez-vous, monſieur, par haſard vous déclarer le protecteur des juifs ? Quelle conſolation en effet pour les évêques, s'ils pouvoient les convertir ! & quel moyen plus ſûr pour y réuſſir que de s'ouvrir l'entrée de leurs

D v

cœurs. En follicitant un afyle dans le royaume, pour ce nombre jetté à terre depuis dix-fept fiècles, y cherchent encore un endroit, où ils puiffent pofer le pied ? ils ne fouffrent que pour obéir à leur confcience ; fi on ne réuffit pas à les gagner, quel mal y auroit-il de le tenter ? Invitez donc le prince à leur donner afyle. Les proteftans prouvent la divinité de Jefus-Chrift, je l'avoue ; mais les juifs prouvent auffi la divinité des prophéties ; les mahométans prouvent l'exiftence de Dieu ; pourquoi n'auroient-ils pas la liberté d'ajouter aux bonnes preuves qu'ils en donnent, de fort mauvaifes raifons en faveur du talmud ou de l'alcoran ? Le juif blafphème contre Jefus-Chrift, & le mahométan contre la Trinité, j'en conviens encore, mais ce n'eft point la nature de l'erreur, c'eft le danger de la féduction qui nous allarme. Nous n'avons pas à craindre que les chrétiens fe faffent turcs ni juifs ; il y a trop d'oppofition entr'eux & nous ; mais les proteftans font plus près de nous, & par conféquent plus capables de féduire, & plus aifés à convertir. Il eft donc bien plus important de prendre des moyens pour les amener à la foi, & pour les empêcher de féduire les catholiques. Ils ont déja causé les plus grands désordres dans l'églife & dans l'état; il est donc plus néceffaire de prendre plus de précaution pour les contenir.

XX. „ Que les proteftans aillent au „ cabaret ou dans un lieu de débauche, „ on ne leur dira mot ; & on les me- „ nacera de galères , s'ils s'affemblent „ fans éclat pour demander la fanté du „ roi.“ *P. 74.*

Réponfe. Quelle logique, monfieur ! les proteftans prient pour la fanté du roi, dans leurs affemblées : donc il doit leur être permis d'y femer le poifon de l'erreur , de foulever les chrétiens contre l'églife, & contre fes miniftres. Ils y prient pour la fanté du roi : donc il n'y a plus rien à craindre, ni de ces affemblées, ni des déclamations des miniftres contre fon gouvernement, & contre fa perfonne , ni des principes féditieux qu'on y enfeigne, ni de l'efprit d'indépendance & de rebellion qu'on y refpire.

Mais ne laiffe-t-on pas aux citoyens la liberté d'aller au cabaret ou dans un lieu de débauche ? Oui, monfieur; mais il paroît que, après avoir réformé l'églife, vous feriez encore tenté de vouloir réformer l'état ; car c'eft ici au fouverain, non aux pontifes, que vous

D vj

infultez. L'églife n'a jamais ceffé d'invóquer la protection des princes, pour
conferver la pureté des mœurs. Mais
elle a toujours laiffé à leur prudence le
choix des moyens, & ne pouvoit fe
permettre d'aller plus loin fans entreprendre fur les droits de la couronne.
J'ajouterai cependant pour lever vos fcrupules ; que les loix pénales confidèrent
principalement le tort fait à l'ordre public, que les proteftans qui vont au cabaret ou dans un lieu de débauche n'attentent point à cet ordre. Mais que leurs
affemblées font des attentats contre l'autorité du gouvernement, & la fource des
plus grands troubles.

XXI. „ L'excommunié de Corinthe trai
„ té d'abord avec févérité par S. Paul, ne
„ doit pas toujours être traité de même.
„ S. Paul ufe d'indulgence, de peur qu'il
„ ne foit accablé par un excès de trif
„ teffe.“ *P.* 75.

Rép. S. Paul ufe d'indulgence envers
l'inceftueux de Corinthe, lorfqu'il s'eft
amendé : *Qui hujus modi eft* (1); il
veut qu'on le confole dans la crainte de
le décourager. Un autre concluroit delà, que l'hérétique doit auffi fe repentir, afin d'être reçu comme lui à péni

____

(1) 2 Cor. 2, ℣. 6.

tence. Vous inférez au contraire qu’on doit uſer d’indulgence envers lui, quoiqu’il perſiſte dans l’erreur ; citez-moi du moins un ſeul exemple dans toute l’hiſtoire de l’égliſe en votre faveur, & je me range de votre avis. On ne ſauroit être de meilleure compoſition.

XXII. „ S. Paul dans Ephèſe gémit avec „ ſes coopérateurs ſur l’aveuglement des „ adorateurs de la grande Diane. Mais „ fait-il abattre le temple ? propoſe-t-il „ quelque violence contre les Ephé- „ ſiens ? “ *P. 79.*

Rép. Eh bien, monſieur, attendez à nous citer S. Paul, que les évêques aillent abattre les temples des idolâtres ou des hérétiques. Mais ne blâmez point les Conſtantins d’avoir démoli les temples des païens, pour abolir les ſuperſtitions de l’idolâtrie.

XXIII. „ S. Paul ſe permit-il même, ſi „ on en croit le ſecrétaire de la ville, de „ dire des paroles injurieuſes contre le „ culte dominant ? “ *Ibid.*

Rép. Il ne ſera donc plus permis de traiter l’idolâtrie d’impiété, ni d’anathématiſer les ſectaires ? Mais vous allez faire le procès aux plus illuſtres défenſeurs de la foi, & une infinité de martyrs. Ah de grace, monſieur ! vous qui avez tant de complaiſance pour les hu-

guenots, ayez au moins quelque indulgence pour les faints.

XXIV. „ Un évêque pouffé par un zèle
„ indifcret, engage le peuple à abattre
„ le temple des valentiniens. L'empe-
„ reur Théodofe condamne l'évêque a
„ le rebâtir. S. Ambroife porte le prince
„ à révoquer l'ordonnance. Mais pour-
„ quoi ? pour le tort qu'il eut fait à l'é-
„ glife par le triomphe de fes adver-
„ faires.“ *P. 83.*

Rép. Après avoir tâché inutilement
de vous étayer de l'exemple de S. Paul,
vous invoquez, monfieur, l'autorité
de faint Ambroife. Mais malheureufement l'exemple de faint Ambroife ne
prouve pas davantage que celui de
S. Paul. On convient avec vous que les
évêques n'ont point d'autorité pour faire
abattre les temples. Mais il faut prouver
que les princes n'ont point le droit de
les démolir ; cependant puifque nous en
fommes fur S. Ambroife, je vais vous
citer des faits plus concluans.

Gratien avoit fait abattre à Rome
l'autel de la victoire ; Symmaque en demandoit le rétabliffement au nom des
fénateurs païens. Vous auriez, monfieur,
plaidé la caufe des fénateurs : faint Ambroife plaida contre ; il fut écouté &
l'autel ne fut point rétabli : lifez les let-

res que cet illustre évêque écrivit sur
ce sujet à l'empereur Théodose.

L'impératrice Justine veut obliger l'é-
vêque de Milan à céder une de ses
basiliques de la ville aux ariens. Voici
la réponse d'Ambroise. ,, Un évêque ne
,, peut livrer le temple de Dieu. Si on
,, en veut à mon patrimoine, qu'on le
,, prenne; si c'est à mon corps, j'irai
,, au-devant; veut-on me mettre aux
,, fers, me mener à la mort? j'en suis
,, ravi; mais les choses divines ne sont
,, pas soumises à la puissance de l'empe-
,, reur, il ne m'est pas permis de livrer
,, les basiliques; & vous, prince, il ne
,, vous est pas avantageux de les rece-
,, voir (1).`` Avouez, monsieur, qu'un
évêque qui parle de la sorte, n'auroit
pas fait un dialogue pour conseiller de
bâtir des temples aux protestans. Les
courtisans blamèrent Ambroise, & je
doute fort que vous l'eussiez approuvé:
mais l'église en a jugé autrement, &
l'impératrice elle-même se désista de son
entreprise.

XXV. ,, Abdas, évêque du cinquième
,, siècle, brûlant d'un zèle indiscret pour
,, la gloire de l'église, détermine son
,, peuple à renverser le temple des per-

____

(1) Fleury, hist. eccl. tom. 4, liv. 18, n. 41, 42.

„ fans, où l'on adoroit le feu. A cette
„ première faute, il en ajoute une se-
„ conde en refusant de le rétablir. Qu'ar-
„ riva-t-il ? & le pasteur & le troupeau,
„ tout fut égorgé , & le sang des chrétiens
„ coula plus de trente ans, sur les dé-
„ bris de toutes les églises.“ *P. 84.*

Rép. Mais inviter le prince à interdire l'exercice public d'un culte sacrilège
dans son royaume , est-ce conseiller aux
chrétiens de Constantinople d'aller brûler les mosquées des turcs.

XXVI. „ Si on eût traité S. Augustin dans
„ son manichéisme, comme on a traité
„ parmi nous un grand nombre de pro-
„ testans, quel malheur pour lui & quelle
„ perte pour l'église ?“ *P. 85.*

Rép. D'accord avec vous, monsieur ;
mais si on eût aussi traité S. Paul comme il le méritoit , lorsqu'il se joignit
aux séditieux de Jérusalem pour lapider
S. Etienne, quelle plus grande perte encore pour la religion ? Conclurez-vous
de-là qu'on ne doit punir ni les séditieux,
ni les homicides , dans l'espérance qu'ils
deviendront des apôtres ? S'il étoit donné
à l'homme de distinguer parmi les coupables ceux qui serviroient avantageuse-
ment l'église ou l'état , ceux-ci pourroient éprouver la clémence du prince.
Mais comme il ne peut voir dans l'ave-

nir, la sûreté publique exige que tous ceux qui troublent la société, soient également soumis à la rigueur des loix.

Quelle perte pour l'église, si on eût traité saint Augustin comme on a traité un grand nombre de protestans ! Mais saint Augustin ne fut jamais prédicant de sa secte ; & si les loix contre le manichéisme eussent été religieusement observées, jamais saint Augustin n'auroit été manichéen. Que direz-vous encore, monsieur, si je vous prouve que suivant vos propres principes, les manichéens devoient eux-mêmes éprouver toute la sévérité des loix ? Je n'ai cependant besoin pour cela que d'un raisonnement bien simple.

„ Il y a, selon vous, des sectes si
„ impies, si funestes à la société, qu'elles
„ vont à renverser les bornes du juste
„ & de l'injuste, & à semer dans les
„ esprits des maximes funestes, à jetter
„ dans le corps politique des germes de
„ mal, à sapper les fondemens de la
„ religion, à faire enfin du royaume
„ un théatre de brigandage ; & il n'est
„ pas douteux qu'à de tels maux on ne
„ ne doive opposer toutes les digues
„ possibles.“ (1)

____

(1) Dialog. pag. 101.

Or, tels étoient les manichéens qui admettoient l'éternité des deux principes, qui enseignoient la fatalité, qui séparoient les personnes mariées, qui détestoient la génération, qui se livroient à tous les excès du libertinage sous le voile des vertus les plus austères, & qui avoient pour maxime de se parjurer pour ne pas trahir leur conscience.

Ainsi, monsieur, vous nous alléguez pour justifier la tolérance, l'exemple d'une secte qui, selon vos principes même, ne devoit point être tolérée.

XXVII. „ On doit rejetter l'erreur,
„ dit S. Augustin, & détester le crime;
„ mais les criminels & les errans doi-
„ vent nous intéresser... Prétendre sou-
„ mettre à la foi par la violence, c'est
„ une exécrable hérésie qui vient du
„ diable. Jesus-Christ qui est la vérité,
„ ne force personne. Si ces indignes
„ moyens dont vous vous servez envers
„ les chrétiens, disoit S. Hilaire aux
„ persécuteurs de la religion, vous ve-
„ niez à les employer pour eux, pour
„ la véritable foi. Sachez que les évê-
„ ques qui sont instruits de la doctrine
„ de leur maître s'y opposeroient. Notre
„ Dieu, vous diroient-ils, n'a pas besoin
„ d'une pénitence extorquée. Quel cas

„ peut-il faire d'une profession de foi
„ que le cœur désavoue.“ *Page 86.*

Réponse. Je vous demande pardon, monsieur ; mais si vous eussiez distingué ce que vous ne cessez de confondre, vous n'auriez pas calomnié l'église gallicane par un faux exposé de sa pratique. Vous savez que c'est-là un des artifices des hérétiques auxquels vous ne devez pas ressembler.

Les persécuteurs dont parle S. Hilaire, forçoient les catholiques à se déclarer en faveur des ariens, ou en communiquant avec eux, ou en souscrivant à leur confession de foi, & l'église au contraire n'a jamais usé de violence pour forcer les hérétiques à souscrire à ses décrets. Il faudroit donc prouver que S. Hilaire blâmoit les princes catholiques d'avoir interdit aux hérétiques l'exercice public de leur religion ; de les avoir empêché de nuire au troupeau de Jesus-Christ ; d'avoir éloigné du berçail les pasteurs infidèles. Or, c'est-là certainement ce que vous ne prouvez pas.

Vous nous citez S. Augustin avec complaisance. Eh bien ! voulez-vous savoir au juste, monsieur, ce que pensoit saint Augustin. Lisez entre autres la lettre qu'il a écrite sur cette matière à Boniface (1), & une autre qu'il adreſſa à Vincent, évêque donatiſte (2). Je ne vous ferai ici qu'une courte analyſe de la dernière.

Le donatiſte reprochoit comme vous aux catholiques les prétendues perſécutions que les empereurs faiſoient ſouffrir aux ſchiſmatiques. Que répond ſaint Auguſtin ?

„ Je ſuis perſuadé, dit-il, qu'il eſt à
„ propos de réprimer les donatiſtes par
„ la protection des empereurs (3); il
„ y en a, dites-vous, ſur qui on ne
„ gagne rien par-là; je le veux: mais
„ faut-il abandonner les remèdes, parce
„ qu'il y a des maladies incurables ?
„ Ne comptez-vous pour rien tous ceux,
„ que nous avons la joie de ramener ?
„ Si on ne travailloit point à les inſtruire,
„ ſans les exciter par la crainte de cer-
„ taines pertes temporelles, ils reſte-
„ roient dans l'engourdiſſement (4).
„ Lier un frénétique, & réveiller un
„ léthargique, c'eſt les fâcher, mais
„ c'eſt les aimer (5). Quand S. Paul

---

(1) Aug. epiſt. ad Bonif. epiſt. 185, nov. edit. aliàs 50.

(2) Ibid. ad Vinc. epiſt. 93, nov. edit. aliàs 48.

(3) Ibid. epiſt. 93, n. 1.

(4) Ibid. epiſt. ad Vinc. 93, n. 2.

(5) Ibid. n. 3.

,, livra Philétus & Hyménéus à Sa-
,, tan (1), il ne cherchoit point à ren-
,, dre le mal pour le mal, mais il jugeoit
,, que c'étoit un bien de guérir le mal
,, par le mal même (2). On ne trouve
,, point, il est vrai, dans l'écriture,
,, que les apôtres aient eu recours aux
,, rois de la terre, mais c'est que les
,, rois de la terre n'étoient pas encore
,, enfans de l'église (3). J'avoue qu'on
,, ne devient pas bon par la force, mais
,, la crainte guérit de l'entêtement, &
,, fait ouvrir les yeux à la vérité. Nous
,, pourrions vous montrer des villes en-
,, tières qui ont été converties par ce
,, moyen (4). Parmi ceux qui ont aban-
,, donné le schisme, les uns disent : nous
,, étions résolus de nous convertir ; mais
,, nous n'en avions pas la force. La
,, vérité nous étoit connue, disent les
,, autres, mais l'habitude nous retenoit.
,, D'autres : nous ne savions pas que la
,, vérité fut de ce côté-là, & nous ne
,, voulions pas le savoir, mais nous avons
,, été forcés d'y regarder, & nous avons
,, pensé qu'il ne falloit pas s'exposer à

______

(1) 1 Tim. 1, ⁊. 20.
(2) Epist. ad Vinc. 93, n. 7.
(3) Ibid. n. 9.
(4) Aug. epist. ad Vinc. 93, n. 16.

„ faire des facrifices qui feroient fans
„ mérite. Les faux bruits nous arrê-
„ toient, difent les autres; nous n'en
„ aurions jamais connu la fauffeté, &
„ nous n'y ferions jamais rentrés fi on
„ ne nous eût fait une heureufe violence
„ pour nous y introduire."

Remarquez ici, monfieur, que vous
nous dépeignez vous-même les proteftans, précifément dans les mêmes difpofitions où étoient les donatiftes; les
uns demeurant dans la fecte par indifférence, les autres par mauvaife foi,
d'autres par foibleffe, par leur négli-
gence à s'inftruire, dans la crainte de
connoître la vérité. Faites encore attention que les donatiftes alléguoient en
leur faveur les mêmes raifons que vous
nous oppofez; que faint Auguftin y
faifoit les mêmes réponfes que je vous
ai faites, & que ce père qui doit vous
paroître bien intolérant, a pourtant toujours été diftingué dans l'églife par fa
douceur & fa charité.

Je vous exhorte, monfieur, à lire fa
lettre en entier. Vous y verrez que S. Auguftin avoit d'abord été de votre avis;
mais que convaincu dans la fuite par
les repréfentations des autres évêques,
& par l'expérience qu'il faifoit des grands
avantages que procuroient les édits des

empereurs (1), il n'avoit pas eu honte de se rétracter. Je vous conseillerois, monsieur, puisque vous avez dévotion à ce saint, d'imiter son humilité, je l'espère de votre zèle, & je le souhaite d'autant plus ardemment que je suis avec plus de sincérité,

Monsieur,

     Votre, &c.

____

(1) Aug. epist. ad Vinc. 93, n. 17.

LETTRE IV.

Je vous laisse, monsieur, dans ma dernière lettre avec S. Augustin; & je crains bien, hélas! que vous n'ayez été tenté de mettre ce père au rang des enthousiastes, & de placer encore S. Ambroise à côté de lui. Quoi qu'il en soit, vous devez au moins vous être apperçu que vous n'étiez pas heureux en citations. Voici de nouveaux exemples qui pourront vous en convaincre.

XXVIII. „ Les priscillianistes étoient de „ vrais hérétiques qui faisoient des pro- „ grès dans les Espagnes & dans les „ Gaules. Quelques évêques furent assez „ inconsidérés pour armer contr'eux le „ bras séculier; & ils furent générale- „ ment désapprouvés." *Page 89.*

Rép. Ces deux évêques(1) furent en effet généralement blâmés; mais pourquoi? 1º. Parce qu'ils déshonoroient leur caractère en poursuivant les coupables pour les faire condamner à mort. 2º. Parce qu'ayant été eux-mêmes personnellement

---

(1) Ithace & Icace, évêques d'Espagne.

nellement offenſés, ils donnoient lieu de croire par leur aigreur & leur animoſité, qu'ils étoient moins touchés de l'intérêt de la religion, qu'animés du deſir de la vengeance (1). Mais s'enſuit-il delà que la loi qui ordonnoit la punition des coupables fût injuſte ? Non, ſans doute ; car nous ne voyons pas les Damaſes & les Ambroiſes qui avoient blâmé la conduite des deux évêques, ayant improuvé la loi dont ceux-ci avoient pourſuivi l'exécution ; nous ne voyons pas qu'ils aient employé le crédit dont ils jouiſſoient auprès des empereurs, pour la faire révoquer.

Diſtinguons donc, monſieur, par rapport aux loix pénales, les fonctions convenables à chacun de ceux qui concourent à la formation ou à l'exécution de ces loix. L'égliſe ſollicite la protection du prince & ſe borne là. Le prince, comme légiſlateur, fait choix des moyens que lui dicte ſa prudence pour protéger l'égliſe, il leur donne la ſanction de

____

(1) „Ces deux évêques, dit M. Fleury, avoient
„ pourſuivi les priſcillianiſtes comme accuſateurs ;
„ ce qui déplaiſoit aux gens de bien, voyant qu'ils
„ agiſſoient plutôt par paſſion de réuſſir dans leurs
„ entrepriſes que par zèle pour la juſtice, princi-
„ palement Ithace qui n'avoit ni la gravité ni la
„ ſainteté d'un évêque.“ *Fleury, Hiſt. Ecl.* tom.
4. l. 18, n°. 29.

loix, il se réserve à lui seul le privilège le plus cher à son cœur, le droit de pardonner ; & il laisse aux magistrats le soin de punir. Le magistrat qui juge est toujours distingué du magistrat qui accuse. Ce dernier se borne à déférer le coupable à la justice, à exciter le zèle du juge, à mettre les preuves du délit sous leurs yeux, & à requérir l'exécution de la loi. Mais l'exécution elle-même dégraderoit la dignité de son ministère : & cette fonction est abandonnée au plus bas officier de la haute justice. C'est par une semblable raison, que, pour conserver le caractère de douceur qui honore les ministres de la religion, les canons défendent de prononcer la peine du sang aux clecrs qui siègent dans les tribunaux ; mais les loix pénales n'en sont pas moins justes & moins sages. Vous-même, monsieur, qui invoquez la protection du prince contre les impies, vous n'approuveriez pas sans doute que les évêques poursuivissent les coupables ; vous ne pouvez donc inférer de ce que l'église a blâmé deux évêques qui avoient poursuivi les priscillianistes ; qu'elle ait aussi désapprouvé les loix que le prince avoit portées contre ces hérétiques.

Enfin, vous tombez encore ici dans

la même contradiction que je vous ai
fait remarquer en parlant des manichéens;
car les priscillianistes étant une branche
de cette secte (1), ils méritoient, suivant vos principes, la même punition.
Les loix pénales portées contre eux
étoient donc justes, elles étoient donc conformes à l'esprit de l'évangile ; vous ne
pouvez donc supposer que l'église les ait
désapprouvées, ni citer ces loix comme
des loix injustes, ni soutenir que l'église
les avoit improuvées, quoiqu'elle ait
blâmé les évêques qui en avoient poursuivi l'exécution ; accordez-vous donc,
monsieur, avec vous-même, avant d'ar-
gumenter contre nous.

XXIX. ,, Les protestans sont héréti-
,, ques, j'en conviens ; mais l'hérésie
,, est plutôt un malheur qu'un crime,
,, plus digne de pitié que des foudres.
,, La vérité est de notre côté, disoit
,, Salvien ; mais les ariens prétendent
,, l'avoir du leur : impies & croyant
,, suivre la piété, quoiqu'ils n'aient pas
,, la vraie foi, ils regardent celle qu'ils
,, ont comme un parfait amour de Dieu.
,, Il n'appartient qu'au souverain Juge
,, de savoir comment ils seront un jour
,, punis. Dieu les supporte patiemment,

____

(1) Fleury, hist. eccl. tom. 4, l. 17, n°. 56.

„ parce qu'il voit qu'ils errent par zèle &
„ à bonne intention... On fait que les hé-
„ rétiques peuvent être de bonne foi ; &
„ dans ce cas ils font plus à plaindre......
„ Il eft vrai que parmi les maux, il
„ en eft qui font un vrai poifon pour
„ la fociété, qui vont à renverfer les
„ bornes du jufte & de l'injufte, &c. "
Page 100 & 101.

Réponfe. Vous croyez donc, monfieur,
que l'héréfie eft plutôt un malheur qu'un
crime ; cependant l'églife l'a toujours regardée comme un crime de lèze-majefté
divine & comme le plus grand de tous
les crimes. Elle l'a toujours frappé d'ana-
théme ; elle a foumis les hérétiques aux
pénitences les plus rigoureufes ; elle ne
les a reçus qu'après de longues épreuves,
fouvent même elle leur a fermé pour toujours l'entrée au faint miniftère. Ce crime
fe trouve dans tous les diocèfes à la tête
des cas réfervés avec cenfure. Or fi l'héréfie étoit plutôt un malheur qu'un crime, fi elle *étoit plus digne de pitié que
des foudres*, la peine feroit donc plus
en proportion avec la faute ; & l'églife
elle-même violeroit la juftice, en excé-
dant dans la rigueur de fa peine.

Allons plus loin ; & pour juftifier la
pratique de l'églife, confidérez avec moi
que dans tout genre de gouvernement,

la griéveté d'un délit se mesure sur l'at-
teinte qu'il porte au bien public ; c'est
conformément à cette règle, que la révolte contre l'autorité civile ou ecclésiastique a toujours été regardée comme
le plus grand de tous les crimes. Qu'on
détruise en effet l'autorité dans l'état,
vous y verrez tous les désordres de
l'anarchie. Qu'on la détruise dans l'é-
glise, il n'y aura plus de foi, & chacun
se fera un code particulier de religion.
Or voilà ce que produit l'héréfie. En
voulez-vous des preuves ? Jettez vos regards sur toute l'Europe ; parcourez les
pays que l'erreur a couverts des ombres
de la mort. Voyez y ce germe fatal
de discorde répandu dans toutes les conditions, diviser le christianisme en une
multitude de sectes, qui, s'éloignant par
degrés de la foi catholique, aboutissent
enfin à l'indifférence de religion, & au
renversement de l'ordre politique. Re-
gardez les séditions, les révoltes, les
guerres civiles, tous les désordres que
l'héréfie a causés ; & dites-nous encore,
si vous l'ofez, que l'héréfie est plutôt
un malheur qu'un crime. Vous nous
avertissez vous-même ,, qu'on ne sauroit
,, trop tôt anéantir les maux qui sont
,, un vrai poifon pour la société, qui
,, vont à femer dans les efprits des maxi-

,, mes funestes, & à jetter dans le corps
,, politique des germes de mort." Mais
l'héréfie a tous ces caractères ; & les maux
qu'elle caufe font d'autant plus déplora-
bles qu'en faifant périr l'ame, ils s'éten-
dent fur toute l'eternité. Si on avoit
vu Calvin prendre la plume pour répandre fes erreurs, & en même temps un
fcélérat à côté de lui commettre un meur-
tre, la voix de la nature fe feroit élevée
contre l'homicide ; mais la foi éclairée
d'une plus vive lumière auroit jetté des
cris encore plus perçans en voyant couler de la plume de l'héréfiarque le poifon fatal qui devoit donner la mort à
une infinité de chrétiens.

Vous ajoutez qu'on peut être hérétique de bonne foi. Mais fi l'on erre de
bonne foi, parce qu'on n'a pas le moyen
de connoître la vérité que l'on cherche,
on eft dans une ignorance invincible ; &
dès-lors on n'eft plus formellement hérétique, puifque l'héréfie n'eft que l'obftination dans l'erreur ; dès-lors vous avez tort
de regarder leur erreur comme un crime ;
à moins que vous ne penfiez avec Calvin, que Dieu nous punit des fautes perfonnelles que nous ne pouvons connoître,
& par conféquent que nous ne pouvons
éviter.

Vous nous citez à ce fujet un texte

de Salvien sans indiquer l'endroit. Auriez-vous des raisons pour nous le laisser ignorer ? Quoi qu'il en soit, je prends le livre, je cherche, & je trouve le passage dans le cinquième livre du traité sur la providence ; mais ce père ne parle dans cet endroit que des nations barbares, qui n'ayant que des lambeaux défigurés de nos saintes écritures, & ne connoissant de leur religion que ce qu'ils apprenoient de leurs prêtres ariens, erroient sans le savoir (1). L'ignorance de

______

(1) „ Etsi qui gentium barbararum sunt, qui in libris suis minùs videantur scripturam sacram interpollatam habere vel laceram : habent tamen veterum magistrorum traditionem corruptam , ac per hoc traditionem potius quàm scripturam habent : quia hoc non retinent, quod veritas legis suadet , sed quod pravitas malæ traditionis inservit. Barbari quippe homines romanæ immo, potius humanæ eruditionis expertes, qui nihil omnino sciunt , nisi quod à doctoribus suis audiunt : quod audiunt hoc sequuntur, ac sic necesse est eos qui totius litteraturæ ac scientiæ ignari, sacramentùm divinæ legis doctrinâ magis quàm lectione cognoscunt, doctrinam potius; quàm legem retinere. Itaque traditio eis magistrorum suorum & doctrina inveterata, quasi lex est, qui hoc sciunt quod docentur : hæretici ergo sunt, sed non scientes. Denique apud nos sunt hæretici apud se non sunt, nam in tantum se catholicos esse judicant, ut nos ipsos titulo hæreticæ appellationis infament : quod ergo illi nobis sunt, hoc & nos illis. Nos eos injuriam divinæ generationi facere certi sumus, quod minorem patre filium dicant ; illi

E iv

ces peuples diminuoit certainement la
griéveté de leur faute; ne pouvoit-elle
pas les excuser si elle étoit invincible?
Salvien les laisse au jugement de Dieu:
eh! quel est l'homme qui osât les juger?
Les enfans des calvinistes appartiennent
à l'église par le baptême, & ils continuent à lui être unis jusques à ce qu'ils
aient acquis assez de connoissance pour
adhérer formellement à l'héréfie. La
maxime est généralement avouée de tous
les théologiens catholiques. Cependant
quel est le point où cesse l'ignorance invincible, & où commence la mauvaise
foi? Il n'y a que l'œil de l'Eternel qui
puisse l'appercevoir. Mais en conclurez-
vous que les protestans qui vivent
au milieu de nous, qui sont environ-
nés de la lumière, qui voient l'église

---

nos injuriosos patri existimant, quia æquales esse
credamus. Veritas apud nos est, sed illi apud se
esse præsumunt. Honor Dei apud nos est, sed illi
hoc arbitrantur honorem divinitatis esse quod credunt.
Inofficiosi sunt sed illis hoc est summum religionis
officium. Impii sunt, sed hoc putant veram esse pie-
tatem. Errant ergo, sed bono animo errant, non
odio, sed affectu Dei, honorare se Deum atque amare
credentes. Quamvis non habeant rectam fidem, illi
tamen hoc perfectam Dei existimant charitatem.
Qualiter pro hoc ipso falsæ opinionis errore in die
judicii puniendi sunt, nullus potest scire, nisi ju-
dex." *Salv. de Prov. l.* 5.

placée sur le haut de la montagne &
bâtie sur les fondemens des apôtres,
puissent être dans la bonne foi ? Dieu
les supporte, je le sais ; mais il supporte
aussi les scélérats & les impies ; direz-
vous aussi que c'est en considération de
leur zèle & de leur bonne intention ?
cependant le magistrat les fait conduire
sur l'échaffaud ; & vous, monsieur, vous
ne les souffrez point dans votre maison.

XXX. ,, Quand S. Jean nous a dit de
,, ne pas même saluer un hérétique, il
,, n'a pas prétendu nous rendre inso-
,, ciables, bisarres, inhumains. Sa maxi-
,, me, prise à la lettre, mettroit tout
,, en combustion : un hérétique me pré-
,, viendra en me saluant, ne répondrai-
,, je à son salut que par le mépris &
,, l'indifférence ? Le feu prend à sa mai-
,, son, lui refuserai-je un asyle dans la
,, mienne ? Il tombe dans un fossé, ne
,, dois-je pas voler à son secours pour
,, l'en tirer ? Les devoirs de la société
,, ne doivent-ils pas être remplis en tout
,, temps, & les liens de l'humanité res-
,, pectés en toute occasion ? Peut-on
,, prêter à S. Jean une autre intention
,, que celle de nous avertir des dangers
,, de l'hérésie, de nous prévenir contre
,, ses flatteuses amorces & de nous ga-

„ rantir des pièges de la séduction? "
Page 102 & 103.

Réponse. Vous sortez ici, monsieur, visiblement de la thèse, pour prouver ce que personne ne vous conteste; car ni S. Jean, ni l'église n'ont jamais prétendu nous rendre insociables, bisarres, inhumains. Vous-même, monsieur, n'enseignez-vous pas à vos ouailles que l'excommunication ne les dispense jamais des devoirs de la justice, de la charité, de la subordination, ni des autres devoirs de la société civile? Ne leur dites-vous pas que l'église, en punissant les hérétiques, conserve encore à leur égard des entrailles de mère; qu'en les attristant par la sévérité des peines, elle s'efforce en même temps de les attirer par la douceur de la charité; qu'en les séparant de son sein, elle les suit encore, pour ainsi dire, des yeux. Eh! d'où partent en effet ces hommes apostoliques, qui vont dans des terres étrangères arroser de leurs sueurs & quelquefois de leur sang ces contrées malheureuses, infectées de l'erreur, afin de ramener les brebis errantes au berçail? N'est-ce pas d'auprès de cette mère tendre qui est *inconsolable de la mort de ses enfans* (1)? Comment donc voudroit-

____

(1) Jerem. xxxj, 15.

elle exterminer ceux dont elle pleure la perte? Comment leur refuseroit-elle les secours que l'humanité réclame, elle, qui embrâsée de l'amour le plus ardent, ne cesse de prier, d'instruire, d'exhorter; elle qui leur tend les bras, elle qui va au devant d'eux pour les ramener? Mais plus une mère a de tendresse, plus aussi elle est pénétrée de la mort de ses enfans; plus elle prend de précautions pour la prévenir. Si l'église nous peint l'hérésie avec toutes ses noirceurs, c'est qu'étant plus éclairée, elle en connoît aussi mieux la difformité; c'est qu'étant plus sainte, elle en a aussi plus d'horreur; c'est qu'étant embrâsée de la charité, elle est aussi plus effrayée de nos maux. Mais distinguant toujours le crime qu'elle abhorre des coupables qu'elle veut sauver, elle dit aux pasteurs, lors même qu'elle met le glaive spirituel entre leurs mains, elle leur dit : pressez, exhortez, conjurez, vainquez, s'il se peut, l'obstination de mes enfans par votre persévérance, leur aversion par vos bienfaits, & donnez, s'il le faut, votre sang pour leur salut. Et s'il se trouvoit des ministres assez indolens pour négliger leur conversion, assez lâches pour dissimuler le mal ou pour abandonner la brebis indocile; s'il s'en trouvoit qui aimassent mieux les voir périr que

d'encourir leur difgrace en s'efforçant
de les fauver, ou qui miffent leur ani-
mofité perfonnelle à la place du zèle &
les caprices des paffions à la place de
l'efprit évangélique; s'il y en avoit qui
mêlaffent l'aigreur aux invitations, qui
rebutaffent par une févérité indifcrète
ceux qu'ils devroient principalement attirer par la douceur & la patience, ils
feroient défavoués, ils feroient blâmés,
ils feroient réprouvés par cette religion
fainte qui a puifé dans le cœur de fon
divin Légiflateur le feu facré de la charité dont elle eft embrâfée. Tel eft, monfieur, l'efprit qui dirigeoit la plume de
l'apôtre bien aimé, & qui animera toujours l'églife. Et vous, monfieur, vous
infultez à la fageffe de fes loix en défigurant fa doctrine.

XXXI. Pervertir les catholiques,
„ quelle chimère! Depuis quand chan-
„ ge-t-on fi facilement de religion? Les
„ premières impreffions reçues ne font-
„ elles pas les plus durables? Dans les
„ villes où l'églife eft dans le voifinage
„ du temple, voit-on paffer quelquefois
„ de l'une à l'autre? Vous craindriez
„ pour les catholiques: pourquoi ne pas
„ efpérer au contraire pour les protef-
„ tans? Toutes les apparences ne font-
„ elles pas plutôt pour la conquête de

„ ceux-ci, que pour la perverſion des
„ autres ?.... De plus, l'effet naturel
„ des vexations n'eſt-il pas de procu-
„ rer des proſélytes aux perſécutés ? Par
„ quel moyen les ſectaires viendroient-
„ ils à bout de gagner les catholiques ?...
„ Par leurs erreurs ? Elles ſont trop vieil-
„ les pour être rajeunies, trop connues
„ pour être redoutables, & trop bien
„ pulvériſées pour éblouir par la régu-
„ larité de leur conduite, c'eſt-à-dire
„ de la conduite des proteſtans. " *Pag.*
103, 104 & 105.

Réponſe. S. Paul recommandoit autrefois aux premiers chrétiens de fuir la
ſociété des hérétiques : il les avertiſſoit
que les diſcours de ces hommes pervers
gagnoient comme la gangrène, & qu'un
peu de levain corrompoit toute la maſſe.
Et vous, monſieur, nous raſſurez contre le péril. L'égliſe a toujours éloigné
les hérétiques du berçail, afin de prévenir la contagion. Ses précautions
n'auroient donc ſelon vous leur ſource
que dans une terreur panique. Une infinité de ſectaires, nés de pères catholiques ſont aujourd'hui aſſis dans l'ombre de la mort, & vous nous ditez que
l'héréſie n'eſt point à craindre ; vous
ignorez donc que l'héréſie flatte l'orgueil,
en ſecouant le joug de l'autorité ; que

le proteſtantiſme en particulier favoriſe nos penchans, en aboliſſant les pratiques les plus gênantes de la religion ; & que tout ce qui parle en faveur des paſſions, s'introduit par mille endroits dans le cœur de l'homme.

Depuis quand change-t-on ſi facilement de religion ? Depuis quand, monſieur ? Depuis que l'homme eſt devenu inconſtant, ennemi de la dépendance, ami de la nouveauté, jaloux de ſes propres lumières, porté à l'indépendance ; depuis que l'intérêt perſonnel, les liaiſons de l'amitié & les préventions ont pris un ſi déplorable aſcendant ſur le cœur humain. Quels progrès n'ont pas fait les héréſies d'Arius, de Neſtorius, d'Eutichés, &c. ? quels progrès n'a pas fait l'héréſie de Calvin, dont nous parlons ? quels progrès ne font pas encore de nos jours les ſectes impies qui ſappent les fondemens du chriſtianiſme ? Et vous-même, monſieur, qui voulez nous raſſurer ſous prétexte qu'on ne change pas facilement de religion, qu'auriez-vous donc à craindre de ces dernières ſectes, beaucoup plus éloignées de la religion catholique que les proteſtans ? Pourquoi voudriez-vous donc invoquer la juſtice du prince pour les exterminer.

Les premières impreſſions ne ſont-

elles pas les plus durables ? Pas toujours, monsieur ; & j'en atteste de nouveau ce nombre prodigieux de sectaires que Luther & Calvin ont pervertis. Les premières impressions resteront encore, si l'on veut, dans l'ame des apostats, comme les principes d'une bonne éducation demeureront encore dans le cœur de l'homme pervers ; elles susciteront les remords de leur conscience, mais elles ne suffiront pas toujours pour empêcher la chûte des foibles, & pour opérer la conversion des sectaires.

Dans les villes où l'église est au voisinage du temple, toutes les apparences font, dites-vous, qu'on ira du prêche à l'église, & non pas de l'église au prêche. Mais ces apparences ne font pas mieux fondées aujourd'hui, qu'elles ne l'étoient lorsque Luther & Calvin commencèrent à prêcher la réforme. Vous favez pourtant avec quelle rapidité elle se répandit dans une grande partie de l'Europe. Vous favez vous-même, monsieur, que l'esprit humain, naturellement inconstant, amateur de la nouveauté, sujet aux préventions, souvent peu réfléchi, ne se décide pas toujours pour la vérité & la justice ; que le succès des meilleures caufes est toujours mal assuré, tant qu'il dépend du jugement des hommes, sur-tout lorsqu'ils ont un intérêt contraire. Vous dites que dans les villes où l'église est au voisinage du temple, toutes les apparences sont, qu'on ira du prêche à l'église, & non de l'église au prêche ; mais n'y-a-t-il pas encore plus d'apparence qu'on n'ira point au prêche, mais à l'église, lorsqu'il n'y aura que des églises & point de prêches ?

Les vexations ne servent qu'à procurer des prosélytes aux persécutés. Prenez garde, monsieur ; que vous allez encore donner gain de cause aux prétendus philosophes ; car ils avoient dit avant vous, pour détruire la preuve que nous tirons de l'établissement du christianisme en faveur de notre religion, que les persécutions étoient un moyen naturel pour sa propagation ; qu'aurez-vous, monsieur, à leur répliquer quand vous adopterez leur fausse maxime ? Vous nous dites que le sort des malheureux inspire la compassion ; d'accord, mais cette compassion nous fait-elle envier leur sort, quand ils ne sont malheureux que parce qu'ils sont coupables ? On auroit donc tort de punir les scélérats & les impies, puisque ce seroit faire naître l'envie de les imiter. Mais consultons l'histoire, & dites-nous ſi les proteſtans ont fait plus de progrès en France depuis que Louis XIV a commencé ſelon vous à les vexer, qu'ils n'en avoient fait lorſqu'on les avoit tolérés ? s'ils en ont moins fait en Angleterre depuis qu'on les y a introduits, & qu'on a fini par les protéger.

Par quel moyen les ſeƈaires viendroient-ils à bout de gagner les catholiques ? Par les mêmes moyens qui leur ont ſi ſouvent réuſſi : en déclamant contre l'égliſe, en répandant des ſatyres & des libelles contre ſes paſteurs, en s'efforçant de les rendre odieux, en combattant leur autorité ſous prétexte de réforme, en flattant l'orgueil humain par une liberté apparente, en défigurant nos dogmes ſacrés, en calomniant les plus zélés défenſeurs de la foi, ou en les opprimant par leurs intrigues, en gagnant les foibles par des ſollicitations, par des ſervices intéreſſés, par des promeſſes captieuſes, en pourſuivant avec une haine réfléchie & meurtrière, ceux qu'ils déſeſpèrent de pervertir. Eh ! que ne vous diroient pas encore ces illuſtres défenſeurs de la foi, qui ont été dans tous les temps les victimes de leur zèle, s'il leur étoit permis d'élever la voix du fond de leurs tombeaux ?

Les erreurs des proteſtans ſont trop

vieilles pour être rajeunies. Mais à quel âge, je vous prie, monsieur, les erreurs ont-elles besoin d'être rajeunies pour faire des prosélytes? Comment rajeunir des erreurs encore vivantes? Qu'entendez-vous par rajeunir des erreurs, car tout cela auroit besoin d'explication? Les erreurs d'Arius étoient ensevelies dans l'oubli depuis plus de huit siècles : les sociniens ont plus fait que de les rajeunir; ils les ont ressuscitées.

Leurs erreurs sont trop connues pour être redoutables. Mais les erreurs des sociniens, des déistes, des matérialistes, des athées étoient certainement bien connues? Cependant vous êtes effrayé comme nous de leurs funestes progrès? Les vérités de la foi étoient bien connues lorsque Calvin prêcha sa réforme; cependant quelle foule de sectateurs! C'est que les vérités connues peuvent être obscurcies par des raisonnemens captieux. C'est qu'il est aisé de se faire illusion sur les vérités les mieux prouvées quand on a un intérêt secret à les contredire.

Les erreurs des sectaires sont trop bien pulvérisées pour éblouir par la régularité de leur conduite. Quelle logique, monsieur! Les erreurs des protes-

tans font pulvérifées ; donc tous les catholiques, donc ceux même qui n'ont
jamais approfondi nos preuves, ceux qui
par leur âge, leur fexe, ou la nature
de leurs occupations ne font pas en état
de les approfondir, ceux qui ne fe conduifent que par la fimplicité de la foi,
c'eft-à-dire, tout ce qu'on appelle peuple, ne pourra plus être féduit ? donc
on ne court aucun rifque de permettre
aux fectaires de prêcher leurs erreurs &
de répandre leurs écrits ? Vous devriez
donc nous exhorter auffi (je ne cefferai,
monfieur, de vous le répéter) à donner
la même liberté aux impies ; vous devriez donc nous dire que la fauffeté de
leurs principes *eft trop connue*, que leurs
mauvais raifonnemens *font trop ufés*,
trop bien pulvérifés, que *leurs erreurs
font trop vieilles* (car elles ont deux
mille ans d'ancienneté) *pour faire des
fectateurs*. Pourquoi n'auriez-vous pas
affez de confiance dans la religion de
nos concitoyens pour affurer qu'ils ne
feront jamais féduits ?

D'ailleurs quelle eft la grande raifon
qu'on oppofe aux proteftans, & qui
écrafe, pour ainfi dire, toutes les fectes ? Cette raifon invincible, cette raifon qui eft à la portée de tous, la
voici : Nous étions avant vous, nous

avions la poffeffion : nos titres font la miffion apoftolique, qui eft parvenue fans interruption jufqu'à nous. Nous avions donc l'autorité : vous avez re-fufé de vous y foumettre ; vous êtes donc des rebelles. Or cette raifon invincible qu'on a toujours oppofée & aux proteftans & à toutes les fectes, dès leur naiffance, ne les a point empêché de faire un grand nombre de profélytes, & l'églife ne s'eft jamais affez repofée fur les droits de fon autorité pour négliger d'employer auffi les moyens humains contre les progrès de l'erreur. Et vous, monfieur, voulez nous raffurer fur des craintes qui ont été fi fouvent réalifées en nous difant que l'erreur a été pul-vérifée. Ah ! monfieur le curé, fi une telle logique fait jamais fortune dans le monde, elle fera elle-même la preuve la plus complette que les fophifmes les mieux pulvérifés peuvent faire encore des profélytes.

XXXII. „ Dans deux cents ans, il „ n'y aura plus de proteftans. Le pro-„ teftantifme tire vers fa fin. C'eft une „ comète qui s'eft élevée fur l'Allema-„ gne, qui s'eft portée vers le nord, „ dont le corps a difparu, & dont il „ ne refte aujourd'hui que la queue. „ *Page 107 & 108,*

Réponse. Parce que le protestantisme doit finir dans l'espace de temps que vous lui marquez, vous voudriez, monsieur, lui laisser la liberté de faire tout le mal qu'il pourroit ; & moi, je voudrois au contraire qu'on arrêtât au plutôt le progrès de la contagion. Vous opineriez donc aussi à mettre tous les malfaiteurs en liberté, parce qu'ils n'existeront plus dans moins d'un siècle ? Et moi j'applaudirai toujours à la sagesse des loix qui assurent la tranquillité publique en les réprimant. Toutes les hérésies finiront un jour, j'en conviens ; mais quand ? C'est ce que nous ne saurions prévoir. Le nestorianisme & l'eutichianisme se perpétuent encore en Orient depuis treize siècles. Le schifme des grecs dure depuis neuf cents ans ; & vous nous prédisez que dans deux cents ans il n'y aura plus de protestans. Mais sur quelle preuve ? Le protestantisme, ajoutez-vous, est une comète, dont il ne reste plus que la queue. Cette démonstration ressemble trop à celles des astrologues pour mériter une réponse.

XXXIII. „ Que les madianites s'ar„ ment par milliers, la victoire ne se„ ra-t-elle pas toujours du côté de Gé„ déon ? La cité sainte est sur une mon„ tagne inébranlable : la terre peut trem-

„ bler fous elle, mais jamais s'écrouler.
„ Que l'héréfie arme contre l'églife des
„ milliers d'ennemis, il ne fera jamais
„ donné aux portes de l'enfer de pré-
„ valoir contr'elle. Témoigner aux pro-
„ teftans qu'on les craint, n'eft-ce pas
„ manifefter la foibleffe de notre foi,
„ groffir l'idée qu'ils ont de leur force,
„ les entretenir dans l'erreur ? C'eft
„ douter des promeffes faites à l'églife,
„ c'eft avilir notre caufe, c'eft tout
„ perdre." *Page 109.*

Réponfe. Que d'abfurdités dans une courte déclamation! Oui, monfieur, les portes de l'enfer ne prévaudront jamais contre l'eglife; mais Dieu ne veut pas qu'on tente fâ providence, en négligeant les moyens ordinaires qu'elle met entre nos mains pour empêcher l'enfer de prévaloir. Les portes de l'enfer ne prévaudront jamais contre l'églife univerfelle; mais elles peuvent prévaloir contre les églifes particulières, comme elles ont prévalu en effet en Angleterre, en Danemark, en Suède, en Hollande, dans une partie de l'Allemagne, &c. Eh ! quelle eft la nation qui ait reçu des promeffes plus fpéciales ? Les portes de l'enfer ne prévalent-elles pas tous les jours contre une infinité de malheureux qu'elles entraînent dans la perdition ? Je ne

fais même si vous, monsieur, vous êtes
bien assuré qu'elles ne sauroient prévaloir contre vous. Que la contagion
se répande dans le royaume, vous ne
blâmerez pas certainement les précautions qu'on prendra pour s'en garantir,
quoique le mal dût finir un jour ; & vous
trouvez mauvais que le clergé implore
la protection du prince pour préserver
la nation de l'erreur, en lui disant que
l'erreur ne prévaudra jamais contre l'é-
glise universelle ; & vous croyez que les
illustres défenseurs de l'église *manquoient
de foi* lorsqu'ils consacroient leurs veil-
les à la défense de la religion, lorsqu'ils
déposoient les ministres hérétiques, lorsqu'ils parcouroient les provinces pour
prémunir les catholiques contre l'hérésie, lorsqu'ils imploroient le secours des
princes pour la réprimer.

*Témoigner aux protestans qu'on les
craint, n'est-ce pas manifester la foiblesse de notre foi ?* Au contraire, c'est
la foi elle-même qui nous fait craindre, en nous faisant connoître le venin
de l'hérésie & la foiblesse du cœur
humain. C'est parce qu'on a la foi qu'on
craint, c'est parce qu'on manque de
foi qu'on cesse de craindre. Les pères
de l'église ne redoubloient le zèle, que
parce qu'animés d'une foi plus vive, ils
appréhendoient aussi davantage pour

leurs troupeaux. Des enfans se jouent sans crainte sur les bords d'un précipice; mais une mère tendre s'alarme pour ses enfans, parce qu'elle connoît le danger.

Ce seroit, ajoutez-vous, *grossir l'idée que les protestans ont de leurs forces.* Point du tout; on craint & on écarte tout ce qui peut nuire. On craint la société des méchans, & on s'en éloigne; on craint un reptile qui rampe à nos pièds, & on fuit. Ce n'est pas la force, mais le venin que l'on redoute. On craint les protestans, mais pourquoi? Est-ce à cause de la force de leurs raisonnemens? Non, mais à cause de leur enthousiasme, de leurs intrigues, de leurs confédérations, à cause de leur haine contre l'église, de leurs sophismes, de leurs déclamations, de leurs artifices; moyens toujours redoutables relativement à l'orgueil de l'esprit trop facile à se révolter; toujours redoutables relativement à l'ignorance & à la simplicité de plusieurs trop faciles à surprendre; toujours redoutables relativement à la corruption d'une multitude de chrétiens trop livrés à leurs passions pour être en garde contre les erreurs qui favorisent leurs penchans.

C'est entretenir les sectaires dans l'erreur. Dites plutôt, monsieur, que c'est leur faire sentir tout le malheur de leur

leur état , par l'horreur que l'on témoigne de leur obstination, & par la crainte de s'en rendre complice. C'est, comme disoit Tertullien, les pénétrer d'une sainte terreur, en leur rappellant par une séparation humiliante, ce terrible anathême que Jesus-Christ doit prononcer à son redoutable tribunal, lorsqu'il les séparera pour toujours de ses élus. C'est enfin, comme disoit S. Paul, les couvrir d'une confusion salutaire, pour opérer leur conversion. Jamais l'église, en séparant les mauvais chrétiens de sa communion, n'a pensé que la sévérité, qu'elle employoit pour les faire sortir de leurs désordres, fût un moyen pour les y entretenir. Et si, dans le siècle où nous vivons, on imprimoit un caractère d'ignominie sur le front de ces hommes pervers qui insultent à la religion par leurs impiétés ou par leurs mœurs ; si on se faisoit au moins un devoir de bienséance d'éviter leur société, ils n'en deviendroient certainement ni plus hardis ni plus endurcis dans le crime, & les citoyens vertueux se préserveroient plus aisément de la contagion du mauvais exemple.

C'est douter , ajoutez-vous , des promesses faites à l'église. Non, monsieur, ce n'est pas douter des promesses de

F

Jesus-Christ, mais c'est accomplir le précepte qu'il a fait de nous tenir en garde contre les loups couverts de la peau des brebis, & de traiter *comme des païens & des publicains ceux qui ferment l'oreille à la voix des pasteurs.*

C'est avilir notre cause. Dites plutôt que c'est en sentir toute l'importance. Ce n'est pas connoître le prix d'un trésor que de ne pas redouter ceux qui peuvent nous le ravir ; & plus on aime, plus on craint de perdre ce qu'on aime, plus aussi on prend de précautions pour le conserver.

C'est tout perdre. Vous croyez donc, monsieur, que ce seroit perdre la foi que de continuer à éloigner ceux qui la corrompent ; que ce seroit perdre le troupeau de Jesus-Christ que de fermer la bouche à ceux qui tentent de l'infecter ; que ce seroit perdre la religion que de lier la main à ceux qui l'outragent. Je vous demande pardon ; mais jusqu'aujourd'hui on avoit cru précisément le contraire, & il n'y a pas d'apparence qu'on change jamais d'avis.

XXXIV. „ Qu'avez-vous à craindre ? „ les protestans semeront des écrits & „ feront naître des disputes ; tant mieux. „ Loin de redouter leurs efforts, ne sont-„ ils pas à desirer pour nous ?.... Que

„ d'obligations Rome n'avoit-elle pas à
„ Carthage ? Contre un nouveau Cha-
„ renton, s'éleveroit un nouveau Port-
„ royal..... Vouloir que de milliers
„ d'hommes pensent comme nous, c'est
„ exiger l'impossible..... Du conflit des
„ esprits sortiront des traits de lumière
„ qui mettront au jour la vérité.“ *P.*
109, 110, 111 & 112.

Réponse. Ce que nous avons à craindre, monsieur ? tout ; oui, nous avons
tout à craindre dans un temps où une
multitude de sectes *sorties du fond de*
l'abyme, quoique divisées entr'elles, se
réunissent pourtant toutes pour blasphémer contre Jesus - Christ ou contre son
église ; dans un temps où l'impiété,
tournant en dérision nos plus augustes
mystères, & franchissant toutes les barrières que la foi opposoit à l'orgueil de
l'esprit & à la corruption du cœur, souffle par-tout l'esprit d'indépendance, res-
suscite les erreurs que le christianisme
avoit étouffées, enflamme toutes les passions pour élever le règne du libertinage
sur les débris des autels, & répand ainsi
son poison mortel sur une foule de malheureux qui, déja impies par sentiment,
ne cherchent plus qu'à tranquilliser leurs
consciences ; dans un temps où sous
prétexte de zèle & de réforme, ceux

mêmes qui fe difent encore catholiques, infultent à l'églife, attaquent fon autorité, s'efforcent d'avilir le facerdoce, & fraient ainfi la voie à toutes les erreurs & à tous les défordres. Oui, nous avons tout à craindre pour la religion & pour l'état, fi, dans ce temps de crife, on met en liberté une fecte ennemie de toute autorité, une fecte fi active dans fes intrigues, fi puiffante dans fes confpirations, fi infidieufe par fes artifices, fi funefte dans fes fuccès, & qui aujourd'hui même, quoiqu'enchaînée par les loix, ne ceffe de murmurer & d'agir (1). Nous avons tout à craindre fi on lui donne des miniftres qui fomentent fa haine contre l'églife, fi on augmente le nombre de fes partifans par une foule d'étrangers qui, unis tous enfemble avec les incrédules & les impies, formeront une ligue effrayante, dont les ramifications s'étendront de tous côtés, dans toutes les provinces, dans toutes les conditions; ligue d'autant plus audacieufe quelle fera plus nombreufe; ligue qui ne mettra plus de bornes à fes perfécutions, ni à fes excès, fi elle parvient une fois à fe faire redouter; & vous demandez après cela, monfieur, ce

____

(1) On en donnera quelques anecdotes dans la feptième lettre.

que nous avons à craindre fi on accorde
aux proteftans la liberté de religion ; &
moi je vous dirai au contraire , que n'en
avons-nous pas à redouter fi on l'accorde , & qu'avons-nous à craindre fi on
la refufe ?

Non-feulement vous voulez nous raffurer , vous fouhaitez encore que les
calviniftes sèment des écrits & qu'ils
faffent naître des difputes. Jufqu'ici l'é-
glife avoit imploré la miféricorde du
Tout-puiffant pour demander la paix.
Elle avoit invité les fidèles à joindre
leurs prières aux gémiffemens des pafteurs pour obtenir ce don précieux. Changeons aujourd'hui de langage , & à vous-
même , monfieur , qui portiez tous les
jours ces vœux devant Dieu dans les
plus redoutables de nos myftères (1),
priez déformais le ciel de fufciter des
héréfies ; qu'elles sèment la difcorde ,
qu'elles divifent l'églife , qu'elles la dé-
chirent , qu'elles obfcurciffent nos dogmes facrés par leurs fophifmes, qu'elles
tendent des pièges à la fimplicité des
fidèles ; priez le ciel de délier la langue
des impies & des athées pour blafphé-
mer *contre le Seigneur & contre fon
Chrift.*

______

(1) *Ut eam* (ecclefiam) *pacificare & coadunare
digneris.*

Que d'obligations ne leur aurions-nous pas ! *du conflit* de tant *de disputes il en fortiroit* une plus grande abondance *de lumière qui mettrôit au grand jour la vérité.* Ne feriez-vous pas encore des vœux pour que les sectes suscitent des séditions & des révoltes. Afin d'aguerrir la nation dans les horreurs des guerres civiles ?

Quant à nous, vous nous permettrez de suivre la route que nos pères nous ont tracée, en demandant la paix ; & quoique la Sagesse éternelle se serve de la malice même des hommes, pour déployer les richesses de sa miséricorde en donnant un nouvel éclat aux vérités saintes de la religion, en éprouvant la vertu des justes, la sollicitude des pasteurs, le courage des martyrs, & en faisant triompher la foi ; nous craindrons toujours des maux qui aggraveroient devant Dieu la punition de nos ennemis, & qui causeroient la perte d'une infinité de chrétiens.

Vouloir que des milliers d'hommes pensent de même, c'est vouloir l'impossible. Mais les apôtres espéroient-ils de convertir l'univers entier ? Pourquoi donc alloient-ils annoncer l'évangile à toute la terre ? Les législateurs se flatteront-ils de prévenir tous les désordres? pourquoi donc faire des loix? les magiſtrats réuſſiront-ils jamais à contenir tous les ſcélérats? pourquoi donc les punir? Je vous répondrai donc, monſieur, que quand on ne peut extirper abſolument le mal, on doit s'appliquer au moins à le diminuer; je vous dirai que quand on ne peut faire tout le bien qu'on voudroit, on doit faire au moins tout le bien qu'on peut; qu'il feroit bien à ſouhaiqu'on réunît tous les ſectaires à l'égliſe; mais quand on ne peut y ramener tous les hérétiques, on ne doit pas négliger le ſalut de ceux qui ſont diſpoſés à ſe convertir. Vous-même, monſieur, lorſque vous avez pris la plume, vous feriez-vous flatté que tout le monde feroit de votre avis?

XXXV. „ Sûrs de vaincre, pourquoi „ balancerions-nous de combattre? les „ combats ne ſont-ils pas néceſſaires? „ pourquoi l'égliſe eſt-elle appellée mi-„ litante?.... Il faut, dit l'Eſprit-ſaint, „ qu'il y ait des héréſies : *Oportet hæ-*„ *reſes eſſe* ; afin que ceux qui parmi „ vous ont une foi éprouvée ſoient con-„ nus.....“ (Quand même le clergé ne réuſſiroit pas à procurer le rappel des proteſtans) „ la ſeule tentative.... prou-„ veroit la ſupériorité de l'égliſe ſur ſes „ ennemis, par le peu de cas qu'elle „ feroit de leurs attaques, & par ſon

„ aſſurance à braver leurs efforts.“ *Pag.*
112, 113, 115.

Rép. Rien ne reſſemble plus que ce diſcours, monſieur, à la bravoure des chevaliers errans qui alloient de tous côtés
provoquer des champions au combat,
afin d'avoir la gloire de les terraſſer.
Mais la vraie bravoure n'eſt point téméraire, & l'égliſe, qui réunit aux autres
vertus l'heroïſme du vrai courage, ne
connoît point cette témérité que vous
voudriez nous inſpirer. Elle eſt appellée
militante, non en ce ſens qu'elle attire
l'ennemi pour le vaincre, ou qu'elle deſire de voir multiplier les combats, afin
de multiplier les victoires; mais en ce
ſens qu'étant toujours oppoſée au vice
& au menſonge, & le cœur humain
étant toujours incliné au mal, il eſt impoſſible qu'elle n'ait des combats à ſoutenir, ou en corps, ou dans la perſonne
de ſes membres. Munie des armes de
la foi, elle repouſſe alors l'ennemi avec
intrépidité; mais elle s'applique principalement à l'éloigner, & redoute toujours des attaques qui peuvent cauſer
la mort à ſes enfans. Elle exhorte les fidèles à réſiſter à la tentation; mais elle
leur recommande avant tout de fuir le
danger; elle leur apprend que c'eſt être
déja vaincu, que de s'expoſer témérai-

rement à périr. Un sage monarque,
quoique supérieur en force, ne brise pas
les liens d'un ennemi redoutable pour
avoir la gloire de le terrasser. Le triomphe coûteroit trop à son cœur, parce
qu'il ne pourroit l'acheter que par le sang
de son peuple.

Il faut qu'il y ait des hérésies, j'en
conviens; mais il faut aussi *qu'il y ait
des scandales* (1). Faites donc encore
des vœux pour que les scandales arrivent; brisez toutes les barrières qui s'opposent à leurs progrès. Rassurez le prince
qui les réprime; rassurez l'église qui s'allarme; rassurez les fidèles qui gémissent.
La religion attend, monsieur, de vous
cette nouvelle preuve de zèle; & moi
j'ai l'honneur d'être,

Monsieur,

Votre, &c.

---

(1) Matth. 18, ⅴ. 17.

F v

LETTRE V.

JE crois, monsieur, que vous devez être à présent désabusé de la confiance que vous aviez prise dans votre cause, & dans les moyens que vous aviez employés à sa défense. Vous accusiez le prince de faire violence à la conscience des protestans par la révocation de l'édit de Nantes. Mais le prince se bornoit au contraire à leur faire entendre la voix des pasteurs, à écarter les ministres qui les confirmoient dans l'erreur, à prémunir les fidèles contre la séduction, à maintenir dans le royaume les droits de la religion sainte que nous avons reçue de nos pères, la seule qui ait des titres légitimes pour exercer la mission apostolique, & qui est devenue une loi de l'église & de l'état. Les loix qui la protègent remontent jusqu'à l'origine de la monarchie; & on ne sauroit y déroger sans relâcher les liens qui, unissant les deux puissances, procurent la paix à l'église, affermissent les fondemens du trône, & sont les garans les plus sûrs de la tranquillité publique. Je vous ai montré que cette protection

étoit de la part du prince un devoir de
religion à l'égard de la Divinité dont il
étoit le ministre, un devoir de justice
à l'égard des sujets dont il étoit le père,
& un devoir de respect & de reconnoissance à l'égard de l'église dont il
étoit l'enfant. Les pasteurs oubliant la
douceur qui caractérisoit leur ministère,
n'avoient rien fait selon vous de ce qu'ils
devoient faire, ils vouloient convertir
à main armée ceux qui ne devoient être
ramenés au berçail que par la voie de
l'instruction. Mais si vous aviez pris la
peine de vous instruire, vous vous feriez épargné la honte d'une calomnie
aussi injurieuse au clergé qu'humiliante
pour vous-même. Vous vous feriez convaincu par les faits les plus authentiques,
que les premiers pasteurs, en invoquant
le secours de la puissance civile n'avoient
cessé d'employer tous les moyens d'une
charité bienfaisante, pour ramener les
calvinistes, & que les peines décernées
contre les infracteurs de la loi, protec-
trice de l'enseignement public & du salut des citoyens, étoient une suite nécessaire de la loi même, qui deviendroit
inutile, si on pouvoit la transgresser
impunément.

Vous auriez dû remarquer encore,
monsieur, que ces maximes étoient con-

facrées par la tradition la plus ancienne
& la plus conftante ; qu'elles avoient été
mifes en pratiques par les princes les
plus éclairés & les plus religieux ; que
les avantages qui en réfultoient en jufti-
fioient fuffifamment la fageffe ; que les
profanations qu'elles occafionnoient ne
devoient être imputées qu'aux mauvaifes difpofitions de ceux qui en abufoient ;
que les vexations auxquelles elles fer-
voient de prétexte, étoient de ces abus
qu'on pouvoit faire des loix les plus fages ; qu'elles étoient contre l'intention
du légiflateur, & contre les vœux du
clergé. Et vous devez vous être apperçu
que vous marchiez par une route bien
oppofée à celles des pères de l'églife,
dont vous reclamiez pourtant l'autorité.

Car enfin les pères ont toujours regardé l'héréfie comme un crime de lèze-
majefté divine ; & vous dites qu'elle eft
plutôt un malheur qu'un crime. Ils
croyoient fe rendre complices de l'erreur, en communiquant avec les hérétiques, & vous nous invitez à abattre
le mur de divifion qui nous en fépare.
Ils ne les admettoient à leur communion
qu'après s'être affurés de leur repentir ;
& vous voulez que nous les recevions
au milieu de nous, quoiqu'ils demeurent obftinés ; ils dépofoient les miniftres

prévaricateurs, ils invoquoient la protection du prince pour les éloigner de
leurs troupeaux; & vous êtes d'avis qu'on
les rappelle, que le prince protège leurs
aſſemblées de religion. Ils diſoient aux
ſectaires : „ L'égliſe a parlé, la cauſe eſt
„ finie, le jugement vous eſt connu, &
„ vous êtes inexcuſable : " & vous les
excuſez ſur leur prétendue bonne foi.
Jamais la raiſon de leur fauſſe conſcience
n'avoit juſtifié les atteintes qu'ils avoient
portées à la pureté de ſa doctrine & aux
droits de ſon miniſtère; & vous trouvez mauvais qu'on réprime leurs entrepriſes contre les droits de l'apoſtolat, &
contre la foi de l'égliſe, parce qu'ils ſui-
vent en cela les mouvemens de leur
fauſſe conſcience. La charité alarmoit
les paſteurs ſur le danger de leurs troupeaux, lorſque l'héréſie s'inſinuoit dans
le berçail; & la votre réclame en faveur
de ſa liberté. Ils redoubloient leurs efforts pour empêcher qu'elle ne tendît des
pièges à la foi des peuples par ſes écrits
ou par ſes diſputes; & vous traitez ces
craintes, de terreurs paniques; & vous
faites des vœux pour qu'elle ſuſcite des
diſputes, pour qu'elle ſème ſes erreurs.
Peut-on ſe flatter, monſieur, d'avoir le
même eſprit que les pères de l'égliſe,
quand on parle un langage ſi différent?

J'en ferois resté là, si vous n'aviez terminé votre dialogue par une observation qui rappelle en peu de mots, tout ce que de mauvais politiques ont dit en plusieurs volumes, sur le prétendu préjudice que la révocation de l'édit de Nantes a porté à la société civile. Il convient d'y répondre, & ce sera la matière des lettres suivantes.

XXXVI. „ Le système (sur les modi-
„ fications de l'édit de Nantes) est avan-
„ tageux pour l'église, pour l'état, pour
„ la population, pour le commerce, pour
„ les arts, pour tout.“ *Pag. 119.*

Rép. Quand même les avantages que vous nous promettez seroient aussi réels qu'ils sont chimériques, comme je me propose de le montrer (1), vous n'auriez encore rien prouvé pour la tolérance ; car pour jouir de tous ces avantages, il faudroit, avant toutes choses, assurer l'autorité du gouvernement qui est comme le point central de l'ordre, & sans lequel ils ne sauroient exister : or en accordant la liberté de religion aux calvinistes, on mine l'autorité du gouvernement. Eh ! pourquoi cela ? parce que leur secte attaque la religion la plus propre à faire respecter cette autorité & à faire régner la paix & la concorde parmi

____

(1) Voyez ci-après la lettre 7me.

les peuples ; parce qu'elle diviſe les ſujets, parce qu'elle détruit l'autorité elle-même.

Je dis premiérement que la ſecte des calviniſtes attaque la religion la plus propre à faire reſpecter l'autorité du gouvernement, & à faire régner la paix & la concorde parmi les peuples. Vous le ſavez, monſieur, il n'y a plus de puiſſance légitime, s'il n'y a point de religion, c'eſt-à-dire, ſi la puiſſance des rois ne porte ſur une loi ſupérieure à celle des hommes, qui en donnant aux ſouverains le droit de commander, impoſe aux ſujets l'obligation d'obéir ; loi qui a ſa ſource dans l'ordre de la Providence, & ſans laquelle les monarques n'auroient d'autre titre pour commander, que les droits du plus fort ; loi gravée dans le fond du cœur par la main de Dieu même, & à laquelle les philoſophes du paganiſme ont rendu hommage. Vous ſavez encore que de toutes les religions, il n'en eſt aucune qui ſoit plus propre à faire reſpecter les puiſſances, & à maintenir la paix & la concorde parmi les peuples, que la religion de Jeſus - Chriſt par les grandes vertus qu'elle commande & aux ſujets & aux ſouverains ; par la force des motifs qu'elle leur propoſe, par la ſublimité des vues qu'elle préſente, & par l'élévation des ſentimens qu'elle inſpire. Or le calviniſme, comme les autres héréfies, tend à la ruine de cette religion fainte, en attaquant l'autorité de l'églife, qui en forme le lien, & fans laquelle elle dégénéreroit bientôt en fanatifme, par la liberté que chacun auroit de fuivre les opinions particulières (1).

Secondement, cette fecte ruine l'autorité du gouvernement, en ce qu'elle divife les fujets. Il ne faut qu'un feul peuple, comme il ne faut qu'un feul fouverain dans un état, pour faire concourir tous les membres de la fociété au bien public, par l'unité de volontés, l'unité de maximes, l'unité d'intérêt, fous la direction d'un feul ; c'eft delà que réfulte l'harmonie du gouvernement, la puiffance des monarchies, & la force de tous les états. Or les fectes partagent la fociété en plufieurs peuples ennemis, qui ont chacun leurs loix, leurs cultes, leurs dogmes particuliers, & des intérêts oppofés. Delà l'efprit de parti, les conteftations, les troubles dans l'état, les préventions contre le fouverain que les fectaires ne regarderont jamais comme leur père commun, tant qu'il fera d'une religion différente. Delà l'affoibliffement

____

(1) Julien l'apoftat voulant ruiner la religion chrétienne, ne crut pas trouver de moyen plus propre à fon déteftable deffein que de donner une pleine liberté à toutes les fectes qui la divifoient.

du gouvernement & de l'autorité. Le ſeul moyen de remédier au mal eſt donc de maintenir l'unité de religion, en proſcrivant toutes les ſectes. Telle etoit encore la maxime des plus ſages légiſlateurs du paganiſme (1). *Deos peregrinos ne colunt.*

Vous allez m'objecter ici, monſieur, que les empereurs païens & les princes hérétiques avoient donc raiſon d'empêcher la prédication de la foi, puiſqu'elle introduiſoit la diverſité de religion dans leurs états.

Oui, ils avoient raiſon, quant à la maxime générale de maintenir l'unité de religion ; mais ils avoient tort quant à l'application, c'eſt-à-dire quant au choix qu'ils faiſoient de cette religion. Les citoyens d'une monarchie ne doivent avoir qu'un ſeul maître, cela eſt vrai ; mais s'enſuit-il qu'ils ne doivent abandonner la domination d'un uſurpateur pour ſe ſoumettre à leur maître légitime ? Or l'Etre ſuprême eſt ſeul maître ſouverain qui ait droit à nos hommages. Sa religion porte l'empreinte de la divinité dans la ſublimité & la pureté de ſes maximes, dans la multitude & la maniſeſtation de ſes prodiges, dans l'authen-

____

(1) Les grecs & les romains guidés par la ſeule politique proſcrivirent tout culte étranger.

ticité & l'accomplissement de ses oracles,
dans la sainteté de son législateur, dans
l'esprit & les vertus de ses apôtres, de
ses disciples, de ses martyrs. Ses ministres montrent les titres de leur mission ;
dans cette succession non - interrompue
qui remonte jusqu'aux apôtres. Les princes païens étoient donc coupables, non
en ce qu'ils vouloient maintenir l'unité
de religion ; mais en ce que dans le choix
de leur religion ils refusoient leur hommage à la religion véritable : les princes
hérétiques étoient coupables en ce qu'ils
cherchoient cette religion ailleurs que
dans cette ancienne église qui avoit seule
hérité de la mission apostolique & du
dépôt de l'enseignement. Les uns & les
autres étoient coupables en ce qu'ils re-
jettoient une religion qui n'auroit d'a-
bord partagé le peuple que pour établir
au milieu d'eux cet esprit de subordination & d'obéissance qui étoit le gage le
plus assuré de l'union & de la concorde.
Ils avoient tort en ce que voulant conserver l'unité de religion, ils proscri-
voient la seule religion qui pouvoit maintenir cette unité par l'autorité de l'apostolat, par l'infaillibilité de ses oracles, par
la charité, la douceur, l'humanité &
les autres vertus chrétiennes, les plus
propres à faire régner la paix & la justice

dans le monde. Ils avoient tort en ce qu'ils donnoient la préférence à des cultes qui n'étant fondés sur aucune autorité vivante, à des sectes qui n'ayant aucune mission légitime, & laissant à chacun la liberté de suivre ses opinions particulières, devoient jetter des semences éternelles de division parmi les peuples, & donner naissance à une multitude de religions & de sectes différentes.

L'église en effet n'a jamais troublé les empires où elle s'est établie ; elle ne trouble point encore aujourd'hui les royaumes où elle s'introduit, ou qui sont sous la domination des princes hérétiques, parce qu'elle a appris de son divin Epoux à souffrir avec patience, à aimer ses ennemis, & à faire du bien à ceux qui la persécutent. Mais cet esprit qui est un miracle de la grace & propre à l'épouse de Jesus-Christ, forme par-là même une exception particulière en sa faveur (1).

____

(1) Nous citerons ici un témoignage qui ne doit point être suspect, il est tiré de l'avis aux protestans réfugiés, (édit de 1692, in-12.) que les uns attribuent à Bayle, les autres à Daniel de la Roque, ministre protestant. ,, Non content, dit ,, l'auteur, de milles grossières suppositions de pré- ,, tendues lettres du père Peters au père de la ,, Chaise, par lesquelles vous avez répandu à la ,, faveur de la poste, en tous les endroits du monde, ,, toutes sortes d'infamies contre leurs majestés bri-

Qu'on me montre au contraire un pays
où l'héréfie fe foit introduite , fans cau-

,, tanniques, vous les avez perfécutés jufques dans
,, ces afyles facrés que la France leur a fourni ;
,, & vous avez cru que leur chûte vous devoit inf-
,, pirer l'audace impie de publier calomnieufement
,, tout ce qui peut le plus flétrir la réputation d'un
,, grand roi & d'une vertueufe reine , au lieu d'en
,, prendre occafion d'adorer plus refpectueufement
,, en leurs perfonnes les ordres de la providence ,
,, qui permet qu'il s'élève des tempêtes parmi les
,, peuples pour des raifons toujours dignes de fa
,, fageffe infinie.....
,, Vous croyez peut-être en être quittes en di-
,, fant que tout le parti n'entre point là, & n'ap-
,, prouve point ces excès. Mais comment témoi-
,, gnez-vous cette défapprobation ? Ces libelles ne
,, font - ils pas achetés avec tant d'empreffement ,
,, que les premières éditions en difparoiffent bien-
,, tôt , & qu'il en faut faire d'autres pour fatis-
,, faire à l'avidité publique ? N'eft - ce pas une
,, preuve convaincante qu'on en aime la lecture ?
,, Oferiez-vous dire en confcience que nos miniftres,
,, en cenfurant vos autres défauts , vous ont ex-
,, hortés quelquefois ou en particulier ou en pu-
,, blic, à vous défaire de l'inclination qui règne
,, parmi vous pour compofer ou pour lire des fa-
,, tyres contre la France ? Ont-ils quelquefois blâmé
,, le foin que vous prenez de femer par-tout ces
,, libelles , & de nourrir de ces alimens empoifon-
,, nés ceux de vos frères qui font reftés dans le
,, royaume ? Quelqu'un chargé ou non chargé de
,, commiffion , a-t-il publié quelque chofe qui té-
,, moignât que ces libelles font l'ouvrage de gens
,, fans aveu , & dont la témérité & l'emportement
,, déplaifent beaucoup au gros des réfugiés ?...

fer des fecouffes violentes jufqu'à ce
qu'elle y ait dominé, ou qu'elle y ait

„ La confufion falutaire que vous devez tous
„ avoir de cette intempérance de plume, pourra
„ vous venir plus facilement, fi vous confidérez
„ la modération des réfugiés catholiques de la
„ Grande-Bretagne : nous en avons eu ici un très-
„ grande nombre de différentes conditions, dépouil-
„ lés de tous leurs établiffemens, & fenfibles autant
„ qu'on le peut être à la difgrace de leur roi,
„ contraint de fe fauver en France durant la fà-
„ cheufe faifon, & plus encore aux infultes qui
„ avoient été faites à l'églife catholique, expo-
„ fée durant plufieurs jours à la difcrétion des
„ émeutes populaires qui renversèrent, qui propha-
„ nèrent, qui brûlèrent les plus auguftes objets de
„ notre culte. Vous ne fauriez nier, en vous com-
„ parant aux réfugiés de ce pays-là, que les fujets
„ de leur plainte ne foient plus grands & plus
„ réels que les vôtres; car ils font fondés non-feu-
„ lement fur la perte de leurs biens, & fur celle
„ de trois royaumes, dont un prince catholique
„ a été dépouillé par ceux de votre religion, mais
„ auffi fur les plus fanglans outrages qu'on puiffe
„ faire au Dieu que nous adorons : je pourrois y
„ joindre la violence qui a été faite à la confcience
„ d'un fort grand nombre de leurs frères, que l'on
„ a contraints, malgré les engagemens de leur naif-
„ fance, & leurs fermens, de porter les armes pour
„ le fervice de l'empereur, ennemi déclaré de leur
„ prince légitime....
„ Les réfugiés d'Angleterre avoient donc plus
„ de fujet de croire que vous, & ne manquoient
„ ni d'encre ni de papier. A-t-on vu cependant qu'ils
„ aient rempli le monde de libelles & de fatyres ?
„ n'ont-ils point gardé toute la modération imagi-

été étouffée. Qu'on me montre un pays
où la diversité des sectes ne soit un
germe continuel de discorde, si ce n'est
parmi les peuples qui ont fait succéder
l'indifférence de religion à l'esprit du fanatisme, semblables à ces malades, qui
après avoir épuisé toutes leurs forces
dans les accès frénétiques d'une fièvre
brûlante, ne sortent de cet état violent, que pour tomber dans un accable-
ment qui ne leur laisse presque plus de
sensibilité.

Troisiémement, le calvinisme ruine
la puissance du gouvernement, parce
que l'esprit d'indépendance qui est commun à toutes les sectes, est aussi l'ennemi de toute autorité.

Quelle raison avoit en effet Luther &
Calvin, de se révolter contre l'église ?
point d'autre que de ne vouloir pas se
soumettre à ses décrets. Pourquoi tant
de zèle à repandre leurs erreurs ? pour
augmenter le nombre de leurs partisans,

,, nable, se réglant sur la conduite de leur roi,
,, qui, & dans ses discours particuliers & dans ses
,, actes publics, a fait paroître une retenue extraor-
,, dinaire ? & n'avons-nous pas suivi ces exemples?
,, peut-on rien voir de plus modéré que nos ga-
,, zettes, & ne peut-on pas hardiment se vanter
,, ici que les livres les plus emportés qui se pu-
,, blient sur les matières du temps, le font beau-
,, coup moins que les plus modérés des vôtres ? ''

& se mettre en état de soutenir leur révolte. Quels prétextes donnoient-ils à leur
fanatisme ? les prétendus abus du gouvernement ecclésiastique. Quels moyens
employoient-ils ? les satyres, les calomnies, les murmures contre les pasteurs,
les sollicitations, l'intrigue, la force même & la violence, selon qu'ils en
avoient le pouvoir. Mais de pareils citoyens seront-ils plus dociles envers le
prince, lorsqu'il voudra faire plier leurs
volontés sous les loix du gouvernement ?
respecteront-ils davantage l'image de la
Divinité dans la personne du souverain,
que dans celle du pontife, lorsqu'ils croi-
ront pouvoir désobéir impunément ? L'esprit de secte étant donc mis en action
par le même intérêt des passions, pro-
duira infailliblement le même effet contre le gouvernement civil ; on alléguera
les mêmes prétextes d'abus; on emploiera
les mêmes moyens, & on finira enfin
par subjuguer le souverain lui-même, si
on acquiert assez de force pour l'asservir.
Peut-être les sectaires tenteront-ils d'a-
bord de l'intéresser dans leur cause par
un zèle simulé, en mettant entre ses
mains l'autorité de l'apostolat, pour en
dépouiller les pasteurs légitimes. Mais
un faux zèle, qui n'a sa source que dans
la haine contre les ministres de Jesus-
Christ, n'en respectera pas davantage la

majesté du souverain, lorsqu'on aura intérêt de déprimer sa puissance. Les calvinistes flattent d'abord le prince en Angleterre, en l'instituant chef de l'église, pour perdre la foi dans le royaume. Ils flattent ensuite les deux chambres du parlement, en leur attribuant la souveraine puissance, pour opprimer le prince : & ils abolissent enfin les deux chambres, pour élever le plus affreux de tous les despotismes, sur les ruines de l'église, de la monarchie & de leurs concitoyens.

Ne nous bornons pas à ces réflexions générales : considérons encore l'esprit qui caractérise les protestans en particuliers, & sur-tout les calvinistes dont il s'agit ici.

Selon eux, point d'autre règle à la foi, que les saintes écritures ; & point de règle plus sûre pour interpréter les écritures, que l'inspiration particulière. Par-là chaque particulier devient l'arbitre suprême de ce qu'il doit croire & de ce qu'il doit pratiquer ; par là les maximes les plus sacrées de la religion & de la société civile, étant livrées à l'opinion des hommes, c'est-à-dire à leurs intérêts, à leurs préventions, à l'incertitude de leurs lumières, à l'instabilité & à la perversité de leurs cœurs, chacun

cun verra dans les écritures ce qu'il deſirera d'y voir; chacun les interprêtera ſuivant le beſoin des circonſtances. Point d'héréſie ſi abſurde qui n'ait prétendu s'étayer de l'autorité des livres ſaints; or les ſectaires étant une fois perſuadés que leur doctrine vient du ciel, ils ſe formeront une conſcience à leur fantaiſie. Ils prétendront juſtifier (par les écritures) leur révolte contre le ſouverain qui voudra les réprimer, tout comme ils ont prétendu juſtifier leur déſobéiſſance contre l'autorité de l'égliſe, lorſqu'elle a voulu les ſoumettre. Le roi ſe fera obéir par la crainte, je le veux; mais la crainte ne conſtitue pas le devoir : & ſi l'autorité n'agit ſur la conſcience pour la diriger, le citoyen regardera toujours le châtiment comme une oppreſſion ; & il ſe mettra en liberté dès qu'il pourra ſecouer le joug de la dépendance. L'expérience vient ici à l'appui de ce que la raiſon nous démontre.

Luther enſeigne d'abord qu'il n'eſt pas permis de réſiſter au prince ni aux magiſtrats, encore moins de prendre les armes contre le ſouverain : mais Luther a-t-il une fois levé l'étendard de la rébellion contre l'égliſe ? Luther ſe voit-il appuyé d'un grand nombre de partiſans ?

il publie que „ le pape eſt un loup-garou „ enragé, contre lequel il faut aſſem-„ bler les peuples, ſans épargner les prin-„ ces qui prennent ſa défenſe, fût-ce „ l'empereur lui - même (1). " Luther engage en effet les princes d'Allemagne à ſe liguer en ſa faveur contre l'empe-reur. Ils le déclarent intrus, ils lui li-vrent les plus ſanglantes batailles : & Luther décide qu'il eſt permis de ſe dé-fendre par les armes contre tous ceux qui s'oppoſent à la ſaine doctrine, c'eſt-à-dire à la doctrine de Luther (2).

Bucer enſeigne, à la vérité, *qu'on doit obéir aux princes ſans examiner la lé-gitimité de leurs commandemens.* Mais dans quelle circonſtance ? c'eſt dans un temps où cet hérétique travaille de con-cert avec Cramner, ſous le nom d'un jeune roi (3), à déraciner entiérement du cœur des peuples la croyance de leurs pères, c'eſt-à-dire dans un temps où ils ont beſoin d'une obéiſſance ſans bornes, pour renverſer la religion ca-tholique.

Les anabaptiſtes, ſortis du ſein de la nouvelle ſecte, portent la déſolation dans l'Allemagne & dans la Suiſſe ; ils pré-

____

(1) Luth. diſputat. in ann. 1540, quæſt. 39 & ſeq.
(2) V. Boſſu, var. tom. 1, l. 4.
(3) Edouard VI, roi d'Angleterre.

tendent justifier leurs violences en prou-
vant par les livres saints qu'il est permis de se révolter contre les princes
légitimes pour établir le règne de Jesus-
Christ. Ils sont réprimés, & la honte de
leurs attentats va rejaillir sur la réforme
dont les principes ont donné naissance
à leur fanatisme; alors Calvin prend la
plume, pour prévenir ces fâcheuses impressions, en combattant la doctrine des
anabaptistes. Mais ce même Calvin sait
que ses partisans se sont soulevés en
France contre leur souverain, qu'ils lui
livrent des combats, qu'ils y allument
de toutes parts le feu des guerres civiles; & il se tait. Il voit Bèze fomen-
ter ces guerres cruelles par ses écrits, &
de vive voix par sa présence & par ses
intrigues, Bèze son fidèle disciple, Bèze
son confident le plus intime; & il se tait.
Il apprend les horribles cruautés que
commet le baron des Adrets à la tête
des calvinistes; & il l'exhorte, non à
poser les armes & à rentrer dans l'o-
béissance, mais seulement *à être un peu
plus modéré.* Il sait que les synodes des
calvinistes ont autorisé par des décisions
authentiques les conspirations que les
sectaires ont formées contre l'état; il sait
les entreprises qu'ils font encore tous les
jours & contre leur souverain & contre

la tranquillité publique ; & il garde le filence. Polerot l'affaffin du duc de Guife eft puni de mort en France ; il eft mis au nombre des martyrs, non par quelque miniftre particulier, mais dans le martyrologe de l'églife de Genève, fous les yeux de Calvin ; & Calvin le réformateur & le chef de cette églife le fouffre & l'autorife par fon confentement. Knox enfeigne qu'il eft permis d'établir la réforme par la force des armes, & de dépofer les fouverains qui s'y oppofent (1) : & Calvin appelle Knox fon coadjuteur (2) ; Bèze le regarde comme un apôtre (3). Pourquoi cette variation dans un point aufli important ? c'eft que les circonftances avoient changé. Il falloit au commencement fe revêtir de la peau de brebis pour tromper la vigilance des pafteurs ; & la réforme ne voyoit alors dans les écritures que le refpect & la foumiffion qu'elles recommandoient à l'égard des princes. Mais les fectaires étant devenus redoutables par leur multitude, il falloit étouffer le cri de la confcience, en leur mettant les armes à la main contre leurs maîtres légitimes, & contre leurs concitoyens pour accélé-

----

(1) Brerleïur.
(2) Calv. epift. 309.
(3) Bèze, 1 conc. & epift. theolog. 74.

rer en France les progrès de leur nouvelle religion ; & c'étoit encore par les
livres ſaints qu'ils prétendoient autoriſer
leur révolte.

Zuingle commence par prêcher la patience dans la perſécution , lorſque la
ſecte eſt encore au berceau. Mais il
change de langage , lorſqu'il ſe voit étayé
d'un grand nombre de ſectaires , & croit
lire à ſon tour dans les livres ſaints des
maximes toutes oppoſées à ſon premier
évangile : il fait prendre les armes à une
partie des cantons ſuiſſes (1) contre
leurs propres concitoyens (2). Il ſe met
à leur tête pour ſoutenir ſon apoſtolat (3), livre des combats , & reſte ſur
le champ de bataille.

D'autres docteùrs calviniſtes plus hardis & plus conſtans dans leur déteſtable
ſyſtême, enſeignent ſans détour les maximes les plus ſéditieuſes , trop révol-
tantes, pour être rappellées à une nation
dont l'amour à l'égard de ſes ſouverains
a toujours fait la principale gloire. J'ai

---

(1) Les cantons de Zurich, de Schaffouſe , de
Berne & de Bâle.

(2) Les cantons de Lucerne, de Zug, d'Ori,
d'Underwal & de Schwit.

(3) Sa doctrine avoit été condamnée en 1527,
par un décret de la nation helvétique, dans une
aſſemblée tenue à Bâle , & auquel Zuingle refuſa de
ſouſcrire.

parlé de la doctrine de Knox ; Bucha-
nan & Pareus, l'un des plus célèbres
théologiens de la réforme (1), font d'accord avec lui fur cet article.

Mais comme il n'eft point de pays où
leur déteftable fyftême leur foit devenu
plus néceffaire qu'en France, pour juftifier leurs révoltes, il n'en eft point auffi
où ils l'aient foutenu plus conftamment.
Suivant la maxime de Junius Brutus (2),
fi hautement défendue par le miniftre
Jurieu (3), fi généralement adoptée par
les proteftans, développée par un écrivain célèbre (4), & conftamment en-
feignée par les philofophes modernes,
la fouveraineté ne réfide que dans le
peuple, les rois ne font que fes repré-
fentans ; il a le droit de leur faire rendre compte de leur adminiftration, de
révoquer les pouvoirs qu'il leur a confiés, de prendre les armes contr'eux,
lorfqu'il fe croit opprimé ; & obfervez,
monfieur, que c'eft toujours, comme je
l'ai déja remarqué, par l'écriture fainte,
par les exemples de David, des Maccha-
bées, de Jefus-Chrift même, que les pro-

---

(1) Il avoit été député des églifes palatines au
fynode de Dordrecht.
(2) C'eft le titre d'un livre attribué à Hubert
Languez, imprimé en 1581, in-8vo.
(3) Voyez le 5me avertiffement de M. Boffuet.
(4) Voyez le contrat focial de J. J. Rouffeau.

testans prétendent prouver une doctrine si opposée à l'évangile.

La même variation que nous venons de voir dans leur doctrine sur les devoirs de l'obéissance, nous l'y retrouvons touchant la tolérance de religion. Ici ils enseignent cette tolérance ; là ils la proscrivent, parce que c'est toujours leur intérêt qui les décide, comme c'est toujours l'écriture sainte qui leur sert de prétexte.

Lorsque Calvin est poursuivi comme hérétique, il enseigne qu'on ne doit combattre l'erreur que par le glaive de la parole divine. Lorsqu'il est devenu le maître dans Genève, il contraint les catholiques d'abjurer leur foi (1). Il fait brûler Servet, il poursuit les autres sectaires qui refusent de croire à son symbole, il compose un traité exprès pour prouver qu'on doit réprimer les hérétiques par le glaive : *Jure gladii hæreticos esse coërcendos.* Il se plaint de l'indolence des magistrats qui négligent de l'employer pour la propagation de sa réforme (2). Farel applaudit à la doctrine

_____

(1) *Primùm omnium contendit (Calvinus) ut coactus populus universus, ejurato palam papatu, in christianam religionem & disciplinam, paucis capitibus comprehensam juraret.* Bèze de vita Calv.

(2) *Videmus quàm licentiosè grassetur impietas,*

de Calvin & traite l'opinion contrai
re d'hérétique (1). Les miniftres de
Zurich, de Schaffoufe, de Berne, de
Bâle, enfeignent la même doctrine (2).
Bullinger, après avoir donné des éloges
au zèle du réformateur de Genève, lui
apprend que les miniftres de Lunebourg
ont pris la plume pour montrer que les
peines décernées contre les hérétiques
font conformes à la loi divine & au
droit naturel (3). Les Grifons mettent
cette maxime en pratique contre un hérétique qu'ils condamnent d'abord au
feu ; fa rétractation lui fauve la vie,
mais elle ne l'empêche pas de fubir la
peine du fouet (4).

Bucco & Pierre martyr, les deux principaux apôtres de la réforme en Angleterre, entreprennent l'apologie du jugement que Calvin a fait rendre contre
Servet (5) : ce dernier affure que tous
les gens de bien font fcandalifés qu'il y

---

*ut fubinde novi errores fcaturiant ; quanta fit eo-
rum ignavia quos Deus gladio armavit ad vindi-
candam nominis fui gloriam.* Calv. epift. ad Sulcer.
8 fept. 1553. Voyez auffi le commentaire de Calvin
fur le 4me chap. de Daniel.
(1) Farel epift. ad Calv. 8 fept. 1553.
(2) Inter epift. Calv.
(3) Bull. inter epift. Calv. 12 jan. 1554.
(4) Ibid.
(5) Ibid. Calv. epift. ad Sulcerum.

ait encore des calvinistes d'un avis contraire (1); Zanchius enseigne qu'on doit punir les hérétiques, même du dernier supplice, selon l'énormité de leurs blasphèmes : *Etiam à civili magistratu, pro gravitate blasphemiæ, ad necem usque plectendi* (2). Il nous dit que Mélancthon, oui le pacifique Mélancthon, que Théodore de Bèze & que plusieurs autres docteurs protestans, ont démontré qu'il étoit du devoir des magistrats de poursuivre les sectaires ; & il ajoute que cette doctrine est généralement reçue comme incontestable, des vrais savans & des gens sensés (3). Un auteur presbytérien d'Angleterre, c'est-à-dire, bon calviniste, entreprend de prouver la même maxime par les loix divines & hu-

____

(1) *Nec te postremò latere velim me unà cum reliquis viris bonis id vehementer dolere, quòd adversùs veritatem & tuum nomen adeo inepta & falsa spargant, de æterna Dei electione atque de hæreticis extremo judicio non afficiendis.* Petr. Martyr. epist. ad Calv.

(2) Zanch. tom. 4, l. 1 ad 3 præcept. thesi 4, p. 581.

(3) *De quæstione illa, an liceat magistratibus animadvertere, & quidem etiam capitaliter in blasphemos, atque adeo in hæreticos, disputandum non suscipimus ; sed eam, tamquam extra controversiam apud omnes rectè sentientes, & verè doctos positam, supponimus, nimirum licere.* Zanch. ibid.

G v

maines (1). Remarquez encore ici, monsieur, que ces mêmes calvinistes si cruellement intolérans enseignent pourtant que les hérétiques & les pécheurs sont tellement prédestinés à la damnation éternelle, qu'il n'est pas en leur pouvoir de se convertir, lorsqu'ils ne se convertissent pas; en sorte qu'ils les condamnent aux derniers supplices, pour une obstination, dont il leur est impossible de sortir.

Observez de plus que ces zélateurs fondent principalement leur intolérance sur le commandement que Dieu fait dans l'ancienne loi, de mettre tous les ido-

____

(1) L'auteur est Guillaume Pryun. Son ouvrage publié en 1647 a pour titre : ,, L'appui ,, & la puissance du glaive des rois, des prin- ,, ces & des magistrats chrétiens, où l'on prouve ,, très-solidement par des passages de l'ancien & du ,, nouveau testament, par les édits & la pratique ,, des princes, des états & des magistrats chrétiens, ,, par les ordonnances & réglemens du royaume ,, d'Angleterre, enfin par le consentement des plus ,, grands docteurs de l'église, tant anciens que mo- ,, dernes, aussi bien que des politiques, l'autorité, ,, le droit & la puissance qu'ont les princes & les ,, magistrats de punir les hérétiques, les idolâtres, ,, les schismatiques, les auteurs des sectes, les ,, blasphémateurs selon la grièveté de leurs crimes.

Le même auteur nous apprend que les arméniens & les indépendans d'Angleterre, avoient tenu la même doctrine avant qu'on la mît en pratique contr'eux.

lâtres à mort ; or comme ils traitent les catholiques romains d'idolâtres, à quelles extrêmités se porteront-ils contr'eux, si une fois leur fanatisme mis en liberté, & soutenu par la multitude des sectaires, se trouve exalté par l'enthousiasme de leurs prétendus prophètes ? C'est la remarque d'un célèbre protestant (1).

Les calvinistes ne se bornent pas à une simple spéculation ; ils mettent leur doctrine en pratique, je ne dis pas seulement à Genève comme nous venons de le voir, mais encore dans tous les endroits où ils se trouvent les plus forts.

Zuingle fait rendre une ordonnance par le canton de Zurich, pour défendre aux moines l'exercice public de leur religion (2). Les magistrats proscrivent la religion catholique à Berne ; ils y règlent les articles de foi & la liturgie (3) à Bâle, le peuple prend les armes & force le sénat à porter un décret pour abolir la messe, & pour abattre les images (4).

____

(1) *Jam verò quia pro idolòlatris habent omnes qui sedi romanæ adhærent, nonne ostendunt quòd si ab iis interficiendis se abstinent, in eo se duci, non ulla commiseratione, sed metu talionis ; qui si abscedat, exiliet franis naturæ remotis.* Grot. votum pro pace, tom. 4, p. 655, edit. 1679, in fol.

(2) En 1523.
(3) En 1528.
(4) En 1529.

G vj

Les calviniftes ne font reçus à Amfterdam (1) qu'à condition de tenir leurs affemblées hors la ville. Mais à peine y font-ils établis qu'ils brifent les images, profcrivent l'exercice de la religion catholique, & prétendent juftifier leur parjure par l'obéiffance qu'ils doivent à Dieu (2); tandis que dans ce même temps ils préfentent une requête aux états de la Flandre pour demander la liberté de religion.

En Hollande ils promettent avec ferment aux catholiques, de les laiffer en poffeffion de leurs églifes, de conferver les monaftères, les biens eccléfiaftiques & les faintes images (3); mais oublient leurs fermens dès qu'ils font devenus maîtres, ils profcrivent la religion catholique de toutes les Provinces-unies (4), ils exercent leur intolérance jufques fur les calviniftes qui refufent de foufcrire

____

(1) En 1578.

(2) De Thou l. 66, & hift. eccl. de Fleury, tom. 35, p. 368, 369, in-12.

(3) Traité figné à Harlem le 22 janvier 1577; à Schoonhoen le 20 févr. même année; traités fignés à Goes & à l'Ifle de Zudbevelant le 22 mars; à Tholen le 7 avril; à Delft le 17 décembre; à Heurden le 30 du même mois 1576; à Utrecht en 1579; art. 2, 8, 9, 13.

(4) Edits des années 1581, 1584, 1585, 1587, 1588, 1589, 1591.

aux décrets de leurs ſynodes (1) ; & le peuple qu'ils avoient ſoulevé contre leur ſouverain légitime par l'eſpoir d'une fauſſe liberté, ſe trouve accablé ſous de nouveaux maîtres, d'un joug qui les écraſe (2).

---

(1) Ils firent trancher la tête à Barnevelt, ils condamnèrent pluſieurs de leurs miniſtres au banniſſement, pour n'avoir pas voulu ſouſcrire au ſynode de Dordrecht, & ils déclarèrent leurs adhérans incapables de poſſéder aucune charge publique.

(2) ,, Le prince Guillaume d'Orange, dit Gro-
,, tius, avoit allégué deux raiſons, pour juſtifier
,, la guerre que les hollandois faiſoient à leur ſou-
,, verain; ſavoir le maintien des loix & la liberté
,, de conſcience. Cependant jamais les loix n'a-
,, voient été ſi ouvertement violées, qu'elles le
,, ſont depuis 1618, par les diſciples de Calvin,
,, à l'inſtigation de leurs miniſtres. Philippe, roi
,, d'Eſpagne, laiſſoit jouir les villes de leur droit
,, d'élection, il leur conſervoit leurs magiſtrats:
,, Maurice d'Orange les en a privés, quoiqu'il ne
,, fût que le gouverneur, non leur ſouverain; &
,, qu'il fût ſoumis aux ordres de la nation, par le
,, ferment qu'il en avoit fait. Guillaume d'Orange
,, alléguoit encore pour raiſon, qu'on avoit nommé
,, des juges particuliers, au lieu de juges ordinai-
,, res, pour faire le procès aux accuſés. Maurice
,, ſon fils, quoiqu'il ne fût que ſimple gouverneur,
,, n'a-t-il pas fait la même choſe ? Les hollandois
,, après avoir acheté la liberté par tant de com-
,, bats, ſavent bien ce qui s'eſt paſſé dans l'élec-
,, tion de leurs magiſtrats, auxquels ils ont livré
,, enſuite la Hollande. Le prince Guillaume avoit
,, prétendu établir la liberté, ſoit par des mani-
,, feſtes, ſoit par des conventions publiques & pa-

Les mêmes calviniftes d'Hollande dé-

___

„ ticulières avec les villes de la république : ce-
„ pendant les calviniftes fe déclarent les ennemis
„ de cette même liberté, témoin la conduite de
„ Calvin envers Servet. Ils ne regardent pas d'un
„ autre œil, ni les catholiques romains qu'ils trai-
„ tent d'idolâtres, ni les luthériens qu'ils traitent
„ d'eutichéens, ni les anabaptiftes qu'ils traitent
„ de marcionites, ni les arméniens qu'ils trai-
„ tent de famofatiens, ni ceux qui fe tiennent dans
„ la neutralité, & qu'ils diffament comme des gens
„ qui fe reffentent de l'efclavage de leurs pères.
„ La paix de Gand avoit été regardée comme le
„ falut des Provinces-unies; mais elle fut rompue :
„ eh ! comment ? les calviniftes firent chaffer les
„ prêtres & les moines de la ville, malgré la foi
„ donnée. Ils exercèrent les mêmes violences dans
„ la Flandre & dans le Brabant. A Vorden ils
„ chaffèrent les luthériens de leurs temples, quoi-
„ qu'ils fe fuffent engagés par des traités folemnels
„ à les leur conferver. Ils s'efforcent en d'autres
„ villes, d'empêcher leurs affemblées particulières.
„ A Groningue ils privent les enfans des anabap-
„ tiftes de la fucceffion de leurs pères. Ils font
„ la même chofe en Zélande & dans la Frife. Par-
„ tout ils manifeftent le même efprit d'intolérance
„ contre ceux qui s'écartent de leur doctrine,
„ comme fi on n'avoit pris les armes que pour
„ affervir la plus grande partie des citoyens, fous
„ la domination du plus petit nombre ; car enfin le
„ plus grand nombre ne penfe pas certainement
„ comme Calvin. Ils enfeignent qu'on doit facrifier
„ la liberté de confcience, & la fageffe des loix à
„ leur intérêt perfonnel. Ainfi la république court
„ un double rifque. Que les magiftrats fentent donc,
„ ajoute Grotius, ce qu'ils ont à craindre ; car
„ ces hommes ne manqueront pas de les chaffer

clarent la guerre aux Luthériens (1). C'est dans un temps où ils se trouvent les plus forts. En France ils font tous leurs efforts pour se réunir à eux (2). Mais c'est dans un autre temps, où ne pouvant se relever par leurs propres forces, la protection des luthériens leur est devenue nécessaire, pour intéresser dans leur cause Gustave roi de Suède, qui étonne l'Europe par la rapidité de ses conquêtes.

L'exercice de la religion romaine est

„ aussi à leur tour, ou à main armée, ou en sou-
„ levant le peuple contr'eux : & je crois assurer
„ les droits des souverains contre une secte qui
„ abuse du nom de la religion, pour exciter des
„ troubles & des séditions, lorsque je leur conseille
„ de fermer l'entrée du royaume à des hommes si
„ turbulens. " *Grot. Rivetiani apolog. discussio, tom. 4 operum Grot. p. 679, édit. d'Amsterdam in-fol. 1679.*

(1) Voyez la note ci-devant, tirée des œuvres de Grotius.

(2) Dans le synode de Charenton en 1631, leur synode national tenu cette même année à Sainte-Foi, donne à quatre de leurs ministres „ plein pou-
„ voir & entière puissance pour s'accorder avec les
„ luthériens, & souscrire à une même & pure con-
„ fession de foi, qui soit commune à toutes les
„ églises, promettant avoir & tenir pour ferme &
„ stable, au nom des églises de France, tout ce
„ que par les dits procureurs ou deux d'entr'eux
„ sera fait." Ainsi voilà que la foi des Calvinistes de France se trouve compromise dans l'opinion arbitraire de quatre, ou même de deux particuliers.

fi rigoureufement profcrit dans plufieurs états d'Allemagne, que les catholiques font exclus de toutes les charges & que les luthériens font dépouillés de tous leurs biens lorfqu'ils fe convertiffent à la foi de leurs pères. Dans les trois royaumes d'Angleterre, les catholiques font foumis à un double impôt. Ils ne peuvent ni avoir des armes, ni exercer les charges attachées à leurs dignités, ni faire aucune fonction publique, (à l'exception de celle de médecin) ni enfin poffeder un cheval au-deffus du prix de cent livres. Les loix en Angleterre condamnent encore les prêtres catholiques au banniffement, & ceux qui leur donnent afyle à l'amende. En Irlande un enfant proteftant hérite de la fucceffion du père, à l'exclufion de fes frères, s'ils font catholiques. Il eft vrai que, dans le fait, on tolère aujourd'hui l'exercice fecret de la religion catholique en Angleterre & en Hollande, & qu'on en permet même l'exercice public en Irlande. Mais les édits, quant au temporel, n'y font pas moins rigoureufement obfervés: mais fi on permet l'exercice de cette religion, c'eft toujours en la laiffant fous l'anathême des loix & fous le glaive des magiftrats; & quand même après s'être convaincu par l'expérience de la fidélité des catholiques, la nation aboliroit ces loix iniques, & dissiperoit des soupçons injurieux à une religion qui a toujours été le garant le plus sûr de la soumission & de l'obéissance des sujets ; ce seroit toujours en montrant que l'esprit des protestans persécuteur de sa nature ne s'est ralenti qu'après avoir réduit les catholiques en servitude.

C'est ainsi, monsieur, qu'au moyen d'une prétendue inspiration particulière, chacun ayant la liberté de plier l'évangile à son gré devoit naturellement y trouver tout ce qu'il voudroit y voir. C'est ainsi que chacun devoit se former une conscience suivant ses intérêts & ses inclinations, sur les maximes de la tolérance & sur les devoirs les plus essentiels de la subordination, exerçant en même temps l'intolérance, & demandant à être tolérés. Contradiction manifeste, non seulement en ce qu'ils parlent deux langages opposés, mais encore en ce que l'intolérance qu'ils enseignent ne peut s'accorder qu'avec les principes de l'église romaine.

En effet, quand l'église romaine exige une soumission d'esprit & de cœurs à ses décrets, elle agit conformément à sa doctrine, sur l'infaillibilité de ses oracles ; elle agit en vertu des promesses folemnelles qui lui affurent ce glorieux privilège. Quand les princes protègent fon enfeignement, les mêmes titres qui établiffent l'autorité de l'églife règlent la marche des princes & juftifient l'ufage qu'ils font de leur puiffance. Mais les fectaires qui nient l'infaillibilité de l'églife, & qui font forcés de la nier, pour excufer leur défobéiffance, les fectaires obligés d'avouer que leurs décifions ne peuvent former une règle de foi, & qui traitent de tyrannie la foumiffion que l'églife exige envers fes décrets, les fectaires enfin qui ayant rompu la chaîne de la fucceffion apoftolique, ne peuvent avoir part à la miffion de Jefus-Chrift, les fectaires à quel titre s'attribueront-ils le droit de l'enfeignement? de quel droit prétendront-ils me dominer fur ma foi?

Faire céder mon jugement à leur autorité, eux qui prétendent que mon infpiration particulière doit être la feule règle de ma croyance fur l'interprétation des livres faints, & s'ils n'ont aucun droit de l'exiger, quel droit auront de plus les princes pour m'y contraindre?

Cependant quelque contradiction qu'il y ait entre l'intolérance des proteftans & les principes de la réforme, je ne

crains pas d'affirmer que cette contradiction, toute manifeſte qu'elle eſt, devient une fatale néceſſité pour eux. En
effet l'égliſe romaine peut bien ſe per-
pétuer ſans le ſecours des hommes. L'u-
nité de ſon gouvernement, qui réſulte
de la ſubordination de ſes membres,
forme autour d'elle comme un rempart
invincible contre l'inconſtance du cœur
humain & les innovations de la doctrine; toujours invariable dans la foi,
elle ſuit toujours la même marche. Elle
enſeigne, elle décide, elle commande
en vertu de cette autorité qu'elle a reçue de Jeſus-Chriſt, & par une ſucceſ-
ſion non-interrompue de l'apoſtolat, &
ſes enfans obéiſſent. Les promeſſes ſo-
lemnelles qui lui ont été faites ſont pour
elle le gage de l'aſſiſtance divine; &
plus de dix-ſept ſiècles d'épreuves, au
milieu des orages que lui ont ſuſcités
ſes perſécuteurs & les héréſies, ſans pouvoir l'ébranler, annoncent aſſez que les
portes de l'enfer ne ſauroient prévaloir
contre elle. Mais les ſectes qui en ſe ré-
voltant contre elle ont donné à tous
leurs membres l'exemple de l'indépendance, & qui n'ayant aucun titre pour
enſeigner, & ne pouvant prétendre à l'infaillibilité de l'enſeignement, n'avoient
plus de moyen pour terminer les diſ-

putes. Chacun ayant la liberté de juger en dernier reſſort de ce qu'il devoit croire & de ce qu'il devoit pratiquer, il devoit naître de ces premières ſectes une multitude d'autres qui alloient encore ſe ſousdiviſer à l'infini, ſans pouvoir jamais ſe réunir, ſous un même gouvernement. C'étoit encore la remarque de Grotius (1). Il falloit cependant prévenir la confuſion pour éviter la diſſolution de la réforme. Mais comment? par l'autorité des livres ſaints? mais chacun l'interprêtoit à ſa manière. Par l'autorité de l'égliſe romaine? mais on s'en étoit ſéparé; par l'autorité des ſynodes? mais cette autorité étant faillible, & ne pouvant même de leur aveu former une règle de foi, elle étoit inſuffiſante. Il ne reſtoit plus que l'autorité du magiſtrat, & c'eſt là, en dernière analyſe, à quoi eſt enfin venue aboutir cette prétendue liberté dont on avoit flatté les ſectaires. Le magiſtrat a donc dû

____

(1) *Vidit* (Grotius reſtitutionem chriſtianorum omnium in unum idemque corpus) *fieri nequire; quia præter quam quod calviniſtarum ingenia fermè omnium ab omni pace ſunt alieniſſima; proteſtantes nullo inter ſe communi eccleſiaſtico regimine ſociantur: quæ cauſa ſunt curfactæ partes in unum proteſtantium corpus colligi nequeant; imo & ut partes aliæ atque aliæ ſint exſurrectura.* Grot. Rivetiani Apol. diſcuſſio, tom. 4, p. 744, col. 2.

nécessairement intervenir pour conserver une sorte d'unité dans le gouvernement extérieur de la réforme ; & il a
dû être nécessairement intolérant pour
en prévenir la dissolution ; mais avec cette différence essentielle que l'église n'em-
ploie jamais par elle-même que les armes
spirituelles, & que les princes qui la protègent ne font que se conformer aux
vœux d'une autorité dont ils reconnois-
sent l'infaillibilité ; au lieu que le magistrat dans la réforme décide & force
à l'obéissance, ou s'il se détermine par
la décision des synodes, c'est toujours
d'après une règle équivoque qui peut l'é-
garer ; il prescrit les articles de religion
que les protestans doivent professer, sans
pouvoir les obliger à les croire : il exerce
sans titre dans l'ordre de la foi, une
domination qu'il avoit traitée de despo-
tisme dans les successeurs des apôtres,
& qui est véritablement une domination
tyrannique de sa part. Une domination
absurde, une domination diamétralement
opposée à la constitution même de la
réforme, une domination qui ne pouvant lier les consciences, devoit nécessairement employer la force pour contenir les peuples dans la subordination,
sans éclairer leur foi, ni fixer leurs in-
certitudes.

C'eft ainfi, monfieur, que les proteftans après avoir fecoué le joug de la dépendance, guidés par leur efprit particulier, par conféquent par leurs préventions & les befoins des circonftances, prêchant fucceffivement la fidélité & la révolte, la tolérance & l'intolérance, n'ont jamais réglé leur croyance fur tous ces points que par l'intérêt de leur fecte; il étoit aifé de prévoir après cela les troubles qu'elle devoit produire à proportion de fes progrès. Mais je m'arrête ici, & je me réferve à vous faire voir dans la lettre fuivante ceux qu'elle a produits en effet,

J'ai l'honneur d'être en attendant,

Monfieur,

Votre, &c.

LETTRE VI.

Après vous avoir prouvé, monsieur, combien l'esprit de l'héréfie eft contraire à l'ordre public, & combien les divifions qu'elle caufe font funeftes au gouvernement ; après vous avoir fait remarquer dans les maximes des calviniftes en particulier, le germe fatal des plus grands défordres, j'ai promis de vous faire voir les maux affreux qu'il a produits en effet. Et je vais m'acquitter de ma promeffe. Je n'ai befoin pour cela que d'une courte analyfe des faits hiftoriques, appuyés fur les témoignages les plus inconteftables (1).

J'ai déja dit que les calviniftes qui avoient d'abord été contenus fous les règnes vigoureux de François premier & de Henri II, commencèrent à fe li-

(1) Tous les faits que je rapporterai font puifés dans des relations authentiques, ou juftifiés par des monumens publics, ou avoués par les proteftans. La plupart & les plus graves ont été cités par M. Soulier dans fon hiftoire des édits de pacification. Les calviniftes n'ont contredit expreffément qu'un feul fait que le même auteur a prouvé enfuite invinciblement dans fon hiftoire du calvinifme. Voyez l'extrait de fa préface rapporté à la fin de ce livre.

guer sous les règnes suivans. Leur premier essai fut le projet d'enlever François II , encore mineur, à Amboise,
pour le mettre, disoient-ils, en liberté,
en le délivrant de la domination des
Guises. Ce projet concerté à Nantes (1),
dans une assemblée composée des députés de toutes les provinces, fut d'abord
conduit avec beaucoup de secret. Les
calvinistes arrivent en armes de tous côtés au rendez-vous assigné : c'en étoit
fait d'un seul coup de la religion & de la
monarchie, si par une disposition particulière de la Providence, le complot n'eût
été découvert (2) assez à temps pour
se mettre en état de défense ; il fallut
pourtant en venir aux mains (3), &
l'un des chefs resta sur la place (4).

Les

____

(1) Au mois de Février 1559.

(2) Aveneler, avocat au parlement de Paris,
dans la maison duquel logeoit la Renaudie, l'un
des chefs de la conjuration, y voyant arriver un
concours journalier d'une multitude de personnes
inconnues, soupçonna d'abord quelque complot : il
approfondit le mystère, & en informa la cour. La
Bigne l'un des Secrétaires de la Renaudie, ayant
été pris, découvrit tout, & déclara que, suivant
le projet qu'on avoit formé, le cardinal de Guise
& le prince son frère étoient les premières victimes qu'on devoit immoler.

(3) En 1560.

(4) La Renaudie.

Les calvinistes ayant une fois levé le masque, ne prirent plus la peine de se cacher. Ils s'assembloient auparavant dans les caves : ils commencèrent alors à s'assembler publiquement. Ils s'emparèrent à Valence en Dauphiné de l'église des cordeliers, ils mirent garnison dans le cloître, & ils furent imités par les calvinistes des autres provinces (1). Théodore de Bèze qui étoit allé apostasier & se marier à Genève, revint en France (2) avec plusieurs gentilshommes pour exciter le prince de Condé à prendre les armes, à s'emparer de quelques places fortes (3) qui devoient servir d'asyle & de boulevard à leur parti.

Le règne de François II fut très-court. Charles IX qui lui succéda, ayant assemblé ses états à Orléans, on y vérifia par les cahiers des provinces, que les troubles du royaume avoient été excités par des ministres envoyés de la Suisse & de Genève, & par les libelles diffamatoires qu'ils avoient répandus(4). Le roi en fit ses plaintes à ces républi-

---

(1) Histoire de Jean le Fèvre Delaval.
(2) A Nérac.
(3) Histoire Delaval. Mémoire de la Place.
(4) Voyez la lettre du roi à messieurs de Genève. Recueil des choses mémorables en manuscrit, dans la bibliothèque du roi, tom. I.

H

ques & donna un édit pour défendre les conventicules des calvinistes (1). Mais les édits ne firent plus d'impreſſion ſur des ſectaires déja enhardis par l'impunité, & qui étoient devenus trop nombreux pour ne pas ſe faire redouter.

Ils délibérèrent dans une aſſemblée tenue à Sainte-Foi (2), qu'on proſcriroit l'ancienne religion. Delà ils ſe rendirent à l'égliſe, briſèrent les images, renverſèrent les autels, chaſſèrent ou maſſacrèrent les prêtres; ils furent enſuite à l'égliſe des cordeliers, où ils précipitèrent le gardien avec deux de ſes religieux du haut du clocher, & n'épargnèrent que ceux qui eurent la lâcheté d'apoſtaſier. Il ne reſtoit plus de catholique dans la ville qu'un bon vieillard qui avoit réſiſté aux ſollicitations & aux menaces de ſes compatriotes, & qui alloit tous les matins faire ſa prière à l'égliſe. Les calviniſtes ne pouvant vaincre ſa conſtance, prirent le parti de l'aſſommer en ſortant. Le vieillard n'eut que le temps de ſe mettre à genoux au milieu de la rue pour prier pour ſes bourreaux, & pour remercier Jeſus-Chriſt, comme un autre S. Étienne, de ce qu'il l'a-

____

(1) Édit du mois de juillet 1561.
(2) En Agenois.

voit jugé digne de mourir pour la gloire de son nom. A Paris, fauxbourg saint Marcel, ils sortirent en furie de leur prêche, fondirent en tumulte sur l'église de St. Medard, la pillèrent, soulèrent aux pieds le corps précieux de Jesus-Christ, renversèrent les images & les reliques, & tuèrent plusieurs catholiques, pour se venger de ce que le bruit des cloches de la paroisse avoit interrompu leur prédicant (1).

Le prince espérant de calmer ces troubles par la révocation de son édit, permit pour la première fois les assemblées de religion aux calvinistes; mais seulement hors des villes & des fauxbourgs (2). L'expérience fait voir qu'on avoit pris un moyen tout contraire au but qu'on s'étoit proposé. Charles IX crut faire une grace : les protestans regardèrent l'édit comme une insulte faite à leur religion, à cause des restrictions qu'il renfermoit. Ils tentèrent de nouveau de surprendre le roi à Monceaux, toujours sous pré-

____

(1) L'histoire de Jean le Fèvre, Delaval, de la Poplinière. Cette sédition jetta l'épouvante dans Paris. La paroisse de St. Paul & les chanoines de Notre-Dame demandèrent des troupes au roi pour se mettre à couvert des insultes de ces nouveaux évangélistes.

(2) Édit de janvier 1562.

H ij

texte de le mettre en liberté (1) ; &
bientôt une querelle particulière arrivée
incidemment à Vassi (2), devint le signal
d'un soulevement général (3). Les cal-

(1) Histoire de Bèze & autres, en 1562.
(2) Petite ville de la Champagne.
(3) Le duc de Guise allant à Paris avec la du-
chesse son épouse, alors enceinte, passa par Vassi,
accompagné de quatre-vingt ou cent gentilshommes & quelques chevaliers de l'ordre qui étoient
venus le visiter. Les calvinistes qui y étoient alors
assemblés dans une grange, pour leur prêche, se
prirent de querelle avec les domestiques du duc;
& des querelles on en vint aux mains. ,, Le des-
,, sein du duc de Guise, dit la Poplinière, écrivain
,, protestant, étoit de passer outre, de se diligen-
,, ter pour être au jour assigné à Paris; mais comme
,, il advient qu'en toutes troupes, le nombre des
,, fous est souvent le maître sur les plus avisés,
,, aucuns de ceux qui étoient au prêche, se con-
,, fiant au nombre de plus de douze cents qu'ils
,, étoient, & ceux du duc de Guise, en la force
,, de leurs armes, se harcelèrent tellement petit-
,, à-petit, qu'enfin le bruit vint jusqu'aux oreilles
,, de la Bosse, lieutenant de la compagnie du duc
,, de Guise, (ardent catholique) qu'aucuns des ré-
,, formés les avoit injuriés; que d'autres avoient
,, jetté des pierres à plusieurs de la troupe. Ceux
,, du duc de Guise ne purent de leur côté s'em-
,, pêcher de se moquer & d'injurier les ministres
,, & ceux qui étoient dans l'assemblée; bref comme
,, des paroles les moins sages & les plus échauf-
,, fées, on vient ordinairement aux mains. L'in-
,, discrétion d'aucuns & la hardiesse des autres fut
,, telle, qu'après que plusieurs furent entrés au-
,, dedans du temple; l'épée au poingt c'étoit à qui
,, les suivroit pour se venger de cette troupe.''

vinistes représentèrent cette querelle comme un massacre concerté, & ne gardèrent plus de mesure ; ils se rendirent maîtres de la ville d'Orléans, ils pillèrent les trésors de l'église, ils renversèrent les images & commirent les plus horribles profanations. Ils exercèrent les mêmes violences à Rouen, à Lyon, à Saumur (1), ils s'emparent entr'autres de Blois, de Tours, de Bourges, de Poitiers. Ils arrêtèrent à Lyon qu'on n'y diroit plus la messe. Ils massacrèrent les prêtres & les religieux à Annonay dans le Vivarais, ou les enterrèrent tous vivans. A Cléri, ils portèrent la fureur jusqu'à insulter à la cendre de l'un de nos rois (2). (Et remarquez, monsieur, que c'étoit dans un temps où les calvinistes ne demandoient que la tolérance) Enfin ils jurèrent obéissance au prince de Condé, jusqu'à la majorité de Charles IX, qu'ils prétendoient devoir être fixée à l'âge de 22 ans, suivant les anciennes ordonnances.

Leurs synodes au lieu de désavouer de si horribles attentats, prirent au con-

----

(1) Voyez l'histoire de Bèze, tom. II, & l'histoire de Val.

(2) Louis XI. Voyez l'histoire de la Poplinière & Delaval. Manuscrit de la bibliothèque du roi; mélanges, tom. I.

traire des mefures pour les foutenir. Ils ordonnèrent la levée de troupes (1); & les gentilshommes huguenots s'engagèrent à employer leurs vies & leurs biens pour maintenir les édits, & retirer le roi & la reine de la capitale (2).

Le roi s'empreffa d'étouffer les commencemens d'une rébellion qui alloit précipiter le royaume dans les derniers malheurs. Mais ne pouvant plus parler en maître, il fut réduit à entrer en négociation, & à traiter comme d'égal à égal avec fes fujets. L'une des conditions préalables qu'exigea le prince de Condé, fut d'éloigner deux feigneurs de la cour, devenus trop odieux aux fectaires, pour leur attachement à leur religion & à leur fouverain (3). Quelque befoin qu'on eut alors de leurs préfences, il fallut s'y réfoudre; & ces deux feigneurs confentirent généreufement à facrifier leurs intérêts perfonnels au bien de la paix; mais les calviniftes étoient devenus trop puiffans pour en être fatisfaits; Bèze entre autres menaça le Prince de Condé de la colère du ciel,

____

(1) Le fynode national affemblé à Orléans, & compofé de 72 miniftres, écrivit aux autres églifes du royaume de fe cotifer, afin de foutenir la caufe commune; manufcrit, tom. II.

(2) Recueil des chofes; même manufcrit, t. II.

(3) Le connétable & le duc de Guife.

s'il remettoit l'épée dans le fourreau.
Les conférences se rompent , & la guerre
commence plus vivement que jamais.

Les calvinistes appellent alors les anglois dans le royaume, ils leur livrent
le Havre-de-Grace , ils promettent de
les mettre en possession de Calais, &
achettent à ce prix des secours pour soutenir leur révolte. En vain la conscience
de quelques chefs réclame contre de si
noirs attentats. Les ministres font taire
la conscience en répondant que tout
doit céder au bien de la religion. Le
roi demande des secours aux princes
allemands catholiques pour se défendre
contre ses propres sujets. Ceux-ci en sollicitent auprès des princes protestans
pour attaquer leur souverain. En attendant on est en armes dans toutes les provinces (1). On livre des combats, on
prend & on reprend des villes de part
& d'autres, on dévaste les campagnes,
on brûle les maisons, les peuples font
livrés à toutes les horreurs des guerres
civiles. Sept mille reitres, attirés par
l'espoir du butin, arrivent d'Allemagne
pour se joindre au prince de Condé,
qui s'avance avec ce renfort vers Paris, prend Pluviers en chemin, fait pen-

____

(1) Sur-tout en Guienne.

dre les prêtres, & vient affiéger la capitale. Obligé de lever le fiège, il fe
venge de fa honte en brûlant les maifons où il a pris fon quartier. Bientôt
il en vient aux mains avec l'armée
royale (1). Il eft vaincu & fait prifon-
nier ; mais les proteftans ne font pas
défarmés. Ils traverfent le Berry, pillent
les églifes pour payer les allemands, fur-
prennent Sully, maffacrent les prêtres ;
& Poltrot affaffine le duc de Guife au
fiège d'Orléans (2).

Le prince de Condé, ennuyé de fa
prifon, fait fa paix ; & le roi par fon édit
de pacification (3) accorde aux calviniftes le libre exercice de leur religion, dans
toutes les villes dont ils font en poffeffion depuis le 17 mars de cette même
année, à condition qu'ils reftitueront
les églifes dont ils fe font emparés. Nouvelle extenfion de privilège, mais dont
ils ne font point encore fatisfaits. Toute
modification les irrite ; & leurs miniftres proteftent qu'ils obéiront plutôt à
Dieu qu'aux hommes (4). On favoit ce
que ces mots fignifioient dans leur bouche ; & il étoit facile de fentir que les

(1) A la bataille de Dreux en 1562.
(2) En 1563.
(3) Édit donné à Amboife le 19 mars 1563.
(4) Hiftoire de Bèze, tom. II.

hostilités n'étoient que suspendues ; la guerre ne tarda pas en effet à se rallumer. Il ne falloit qu'un prétexte, il se présenta bientôt : le roi avoit eu une entrevue avec la reine d'Espagne sa sœur, & avec le duc d'Albe (1), les calvinistes publièrent que cette entrevue avoit pour objet de se concerter sur les moyens de les exterminer ; & lorsque tout paroissoit tranquille, ils formèrent secrétement le projet d'enlever de nouveau Charles IX qui étoit à Meaux. Le roi n'a que le temps de s'abandonner à la fidélité des troupes suisses qui font autour de lui, qui le recevant comme en triomphe, au milieu de leurs bataillons, lui forment un rempart de leurs corps, font face de tous côtés aux calvinistes qui les harcèlent, le ramènent à Paris, & sauvent ainsi par leur courage & le monarque & la religion & l'état (2). La capitale est assiégée une seconde fois, les calvinistes demandent qu'avant de poser les armes, le roi commence par licencier ces mêmes suisses auxquels il doit son salut, c'est-à-dire qu'il désarme le premier. Il faut en venir à une bataille rangée (3), les calvinistes font dé-

____

(1) A Bayonne en 1565.
(2) En 1567.
(3) Bataille de St. Denis.

H v

faits ; & malgré tant de défaites ils deviennent bientôt encore plus formidables que jamais.

Ils avoient fait afficher qu'ils n'avoient pris les armes que pour le foulagement des peuples (1) ; & ils appellent une feconde fois de l'Allemagne, une armée de reitres à demi-barbares, qui ne font attirés que par l'efpoir du butin, qui ravagent tout fur leur paffage, & à qui on permet tout par le befoin qu'on a de leurs fervices. Les proteftans accourent de tous côtés fe joindre à eux, & forment en peu de temps une armée nombreufe. Pour la foudoyer, on vend les biens eccléfiaftiques, on dépouille les églifes, on met les cloches en fonte, on furcharge le peuple d'impôts (2). Les deux armées font enfin en préfence, le fort des armes va décider une troifième fois dans une feule journée, de la religion & de la monarchie. Quel eft le vrai citoyen qui n'en frémiffe ? Le ciel continue à nous protéger à Jarnac & à Montcontour (3) ; il ne falloit qu'une feule bataille perdue pour tout renverfer ; & après tant de batailles gagnées, le

______

(1) La Poplinière.
(2) Manufcrit, tom. I. La Poplinière, Jean le Fèvre, hiftoire des chofes mémorables & autres.
(3) En 1569.

roi se trouve réduit à acheter la paix (1)
à des conditions aussi humíliantes, que
si les calvinistes avoient remporté les
victoires les plus complettes (2) : mais
les maux qui alarment davantage ne
sont pas toujours les plus dangereux.
Les troubles que suscite l'héréfie pas-
sent ; mais son esprit reste, & circulant
sourdement dans un royaume, il éteint
l'amour de la religion & le zèle pour la
foi ; il inspire la haine contre l'églife &
contre ses ministres, le mépris de ses
pratiques religieuses & de ses oracles sacrés ; il étouffe le respect qu'on doit aux
puiffances ; il corrompt la fidélité des
sujets ; fait oublier même quelquefois aux
souverains les droits de l'humanité &
de la justice, & donne souvent naiffance
à des nouvelles sectes, & à des nou-

(1) Édit du 14 juillet 1570.
(2) „ Le roi se soumit à payer aux troupes
„ allemandes , les sommes que les calvinistes leur
„ avoient promifés ; il permit aux feigneurs hauts-
„ justiciers, non feulement d'avoir des prêches dans
„ leurs maifons pour leurs familles, mais encore
„ d'y recevoir des étrangers. Il accorda aux cal-
„ vinistes deux lieux d'exercices publics de leur
„ religion, dans chaque province, & ces mêmes
„ lieux d'exercices dans tous les endroits où ils
„ étoient établis. Il leur accorda enfin quatre vil-
„ les de fûreté pendant l'espace de deux ans. "

H vj

veaux troubles encore plus funestes que les premiers. C'est ainsi que du sein de la terre s'exhalent ces malignes influences, qui en corrompent insensiblement l'air que nous respirons, portent les maladies & la mort dans les contrées qu'elles infectent; & tel fut en effet le malheureux fruit du poison fatal que le calvinisme avoit répandu dans le royaume. Leurs libelles séditieux, leurs horribles maximes, & plus que cela encore, leurs révoltes, & les graces dont elles avoient été récompensées avoient altéré les principes du gouvernement dans cette confusion. Charles IX, voyant la monarchie sur le penchant de sa ruine, aigri par les représentations de Catherine de Médicis, & ne prenant conseil que de son désespoir, se détermina pour conserver l'autorité qui alloit lui échapper, à l'horrible massacre de la St. Barthelemi, où les sectaires devinrent eux-mêmes les tristes victimes des troubles qu'ils avoient suscités; massacre qui fut pourtant beaucoup moins cruel que les protestans ne l'ont publié; qui ne s'étendit guères au-delà de la ville de Paris, & où le clergé, non seulement n'eut aucune part, mais encore où il donna des preuves de sa charité & de son courage pour sauver les protestans qui cherchérent auprès des évêques & dans les cloîtres un asyle contre la barbarie des soldats (1).

Bientôt après, des courtisans jaloux du crédit de la maison de Guise, voyant l'autorité avilie, entreprirent de la subjuguer. Les protestans leur avoient tracé la route, ils ne firent que la suivre. Ils publièrent comme eux des libelles, comme eux ils se liguèrent, ils levèrent des troupes, toujours sous le même prétexte de réformer les abus du gouvernement, ils se joignirent enfin aux premiers, & tentèrent d'enlever le duc d'Alençon (2) pour l'opposer à Charles IX. Le roi mourut dans ces entrefaites (3), laissant le royaume chancelant entre les mains d'un prince éloigné du royaume (4), & la religion avec la monarchie sur le bord du précipice.

Les calvinistes & les mécontens ne manquèrent pas de s'en prévaloir. Ils déclarèrent le maréchal Damville, gouverneur du Languedoc, & le prince de Condé, gouverneur général, chef & protecteur de la confédération, au nom

---

(1) Voyez differt. sur la St. Barth. par M. l'abbé de Caveirac.

(2) Frère du roi.

(3) En 1574.

(4) Henri III, alors roi de Pologne.

& sous l'autorité du nouveau roi (1) ; car s'est ainsi qu'ils insultoient à la majesté royale, en se servant du nom même du souverain pour autoriser leur révolte : aussi n'en respectèrent - ils pas davantage sa personne. Ils pillèrent ses équipages dans le Dauphiné, lorsqu'il revenoit en France ; & ils attentèrent même sur sa vie. Le nouveau roi , Henri III , sans vouloir approfondir l'exécrable mystère de cette conjuration , leur accorda tout pour avoir la paix (2) , & acheva de tout perdre ; ces concessions deplûrent autant aux catholiques qu'elles avoient été agréables aux protestans. Les Guises voyant diminuer leur crédit par celui de leurs ennemis, profitèrent de la disposition des esprits pour former une confédération, qui avoit la défense de la religion pour objet, mais qui étoit

____

(1) En 1575.

(2) Il permit aux protestans l'exercice public de leur religion dans tous les endroits du royaume, excepté à la suite de la cour ; & à Paris il leur accorda des chambres mi-parties pour juger les contestations qui s'éleveroient entr'eux & les catholiques ; il leur donna en otages des places de sûreté ; il déclara que leurs entreprises avoient été faites pour le bien de son service ; il se chargea de payer les troupes allemandes qu'ils avoient appellées à leurs secours ; & il gratifia les chefs du parti , en leur donnant des principautés & des gouvernemens. **Edit du 27 avril 1575.**

criminelle, parce qu'elle n'étoit point autorisée par le souverain (1) : & la ligue devint en peu de temps assez nombreuse pour contrebalancer la puissance des calvinistes. Le roi forcé d'opter entre les deux partis, se rangea du côté des ligueurs. Le dernier édit n'eut plus d'exécution (2). La guerre civile recommença, & les calvinistes se regardant désormais comme indépendans, formèrent comme un corps républicain ; dans le sein de la monarchie ils se donnèrent des magistrats, des ministres, & réglèrent tout ce qui concernoit la guerre & les finances (3).

D'un autre côté les avantages que remportoit le duc de Guise sur les protestans, faisoient passer toute l'autorité

(1) En 1576.

(2) Cela fut arrêté dans l'assemblée des états, tenue à Blois en 1580.

(3) Les calvinistes assemblés à Montauban en 1581, proposèrent de se former un gouvernement républicain, sur le modèle des Pays-bas, & dont l'électeur palatin seroit le protecteur. Voyez les mém. de Sully ; ch. 35, p. 161.

En 1589 ils mirent ce projet à exécution dans une assemblée tenue à la Rochelle, & ils firent en conséquence expédier des lettres patentes en date du 22 décembre 1589, pour établir des chambres souveraines en différentes villes de cette nouvelle république. Voyez les manuscrits de la bibliothèque du roi, tom. 4.

entre fes mains , & le roi n'avoit prefque plus que l'ombre de la royauté.
Henri III voulut recouvrer fa puiffance
en fe fouftrayant à celle du duc : il aban-
donna le parti de la ligue , & alla fe
joindre au roi de Navarre qui étoit à la
tête des proteftans. Cette démarche fut
regardée par les ligueurs comme une
apoftafie. Le fanatifme que les fectaires
avoient introduit, qu'ils avoient autori-
fé par leurs fynodes , & dont ils avoient
donné l'exemple, par leurs attentats réitérés contre l'autorité & contre la perfonne augufte de nos rois, avoit fait
oublier, comme je l'ai déja dit, les loix
les plus facrées; & un fanatique (1) crut
venger la religion catholique par le plus
horrible de tous les parricides.

Le roi de Navarre étant monté fur le
trône fous le nom d'Henri IV , effaya
inutilement de calmer les troubles par
la déclaration de Nantes (2), qui faifoit
revivre l'édit de Poitiers (3). Mais les
difpofitions de cet édit, que les calviniftes avoient publié avec des tranfports
de joie lorfqu'il parut, fe trouvèrent
alors bien au-deffous de leurs prétentions.
Alarmés du zèle que les prélats & les

---

(1) Jacques Clément.
(2) Du 4 juillet 1591.
(3) Au mois de fept. 1577.

princes catholiques faisoient paroître pour ramener Henri IV à la foi de ses pères, ils osèrent le menacer de leur ressentiment (1). Mais ce fut bien pis encore :

(1) „ Ne doutez pas, sire, disoient-ils dans un „ de leurs libelles, qu'en vous faisant catholique „ vous ne couriez à votre ruine, & qu'en aban- „ donnant le parti des réformés, ils ne vous aban- „ donnent aussi à leur tour. Vous connoissez leur „ promptitude & leur résolution. Un royaume plus „ florissant & plus fort que le vôtre, ne les a ja- „ mais ébranlés. Combien de peuple, combien de „ villes aurez-vous à combattre ? mais quel peu- „ ple, sire, mais quelles villes ? peuple aguerri „ sous vos étendards, villes fortifiées & bien mu- „ nies par votre soin, vous perdrez tout cela, „ en quittant ce parti ; quelle ressource trouverez- „ vous dans un état tout divisé & déchiré par une „ infinité de factions ? aurez-vous aucune ville ca- „ tholique à votre dévotion, qui soit capable de „ restituer à une puissante armée, comme feroient „ les moindres bicoques terrassées des réformés ? & „ quand vous en auriez quelques-unes, c'est quel- „ que chose pour se défendre, mais ce n'est rien „ pour attaquer cinquante ou soixante places que „ nous possédons, réparées & fortifiées à toute „ épreuve, & munies d'hommes avec de bons bou- „ levarts, comme vous savez ; & de cette manière „ vous perdrez dans un moment ce que vous ne „ sauriez regagner qu'avec des difficultés infinies. „ N'est-ce donc pas brasser ouvertement votre „ ruine, de quitter vos sujets qui vous sont si „ utiles & si nécessaires....
Enfin ils ajoutent que „ *Lorsque les armes pro-* „ *testantes avoient mis le pied sur la gorge à toutes* „ *les principales villes de la France,* ils ne presse-

lorſqu'il eut fait abjuration, ils demandèrent alors non ſeulement qu'on permît
l'exercice de leur religion par tout le
royaume, mais encore qu'il fût pourvu
à l'entretien de leurs miniſtres ſur les
revenus eccléſiaſtiques (1), & ſe diſpo-
sèrent à faire valoir leurs prétentions
par les armes. Ils arrêtèrent dans une de
leurs aſſemblées tenue à Sainte-Foi (2):
„ qu'ils tiendroient une aſſemblée généra-
„ le chaque année, pour décider de leurs
„ affaires ſuivant la néceſſité (3); qu'on
„ établiroit un conſeil politique dans
„ chaque province pour le même ſu-
„ jet (4); que ces conſeils pourroient
„ faire arrêter & ſaiſir les deniers royaux
„ entre les mains des receveurs, pour
„ les employer au paiement des garni-
„ ſons & officiers des villes & fortereſſes
„ qu'ils poſſédoient; & qu'ils établiroient
„ des ſubſides & des péages dans les lieux
„ où il n'y avoit point d'élection (5).

„ rent jamais les rois ſes prédeceſſeurs de ſe faire
„ de leur religion, & que les catholiques ne de-
„ voient pas auſſi exiger de ſa majeſté, de ſe faire
„ de la leur." Voyez les mém. de la ligue, tom. 5.
(1) Requête préſentée au roi en 1594. Voy.
les aſſemblées polit. tom. 1, manuſcr. tom. 4.
(2) En 1594.
(3) Art. 1.
(4) Art. 2.
(5) Art. 31.

Ils s'assemblèrent en conséquence l'année d'après à Saumur, pour demander des chambres mi-parties, & la liberté de religion dans tous les endroits du royaume *sans distinction*; ajoutant que si on les forçoit d'accepter l'édit de Poitiers, *il en arriveroit de funestes accidens.* Le roi pour couvrir l'irrégularité de leurs assemblées, leur adressa des lettres portant permission de s'assembler. Mais après avoir fait lecture de ces lettres, ils protestèrent *ne vouloir s'y astreindre, ni préjudicier en aucune façon à la liberté de leurs églises, de pouvoir s'assembler sans telles & semblables lettres.* Le roi au lieu de les punir, se contenta de les inviter à se joindre à lui contre les ennemis de l'état; & ils répondirent que lorsqu'ils auroient reçu satisfaction à leurs demandes, ils seroient prêts à aller sacrifier leur vie pour la défense de l'état, mais qu'ils ne consentiroient jamais à être privés de l'effet de leurs demandes. Ils osèrent même en présence des commissaires du roi, faire expédier des ordres pour saisir les deniers royaux, en Poitou, en Guienne, en Saintonge, en Languedoc (1); les assemblées de Lou-

____

(1) Procès verbal de l'assemblée de Saumur en 1595. Voyez assembl. polit. tom. I.

dun & de Vendôme suivent la même marche (1). Les calvinistes s'emparent en effet des deniers du roi dans tous les endroits où ils se trouvèrent les maîtres, & cela précisément dans un temps où la France, épuisée d'hommes & d'argent, avoit besoin de nouvelles forces & de toutes ses finances pour s'opposer à des ennemis puissans, qui menaçoient la monarchie (2).

Henri IV crut les appaiser en donnant quelque extension aux concessions portées par l'édit de Poitiers (3); mais ils répondirent : „ qu'ils ne pouvoient „ s'en contenter, & que les oppressions „ qu'on leur feroit souffrir continuelle- „ ment, les contraindroient enfin à „ chercher quelque soulagement en eux- „ mêmes (4). " Forcé enfin de céder au malheur des circonstances pour ne pas risquer le salut de l'état, le roi se détermina à donner le fameux édit de Nan-

______

(1) Procès verbal de l'assemblée de Loudun en 1596, & de l'assemblée de Vendôme en 1597. V. assembl. polit. tom. 2, & manuscrit de la bibliothè-que du roi, tom. 4.

(2) Les espagnols.

(3) Le roi accorda aux protestans le libre exer-cice de leur religion dans tous les endroits où il étoit alors établi.

(4) Procès verbal de l'assemblée de Vendôme, en 1597.

tes (1) , par lequel il leur accorda preſque tout ce qu'ils avoient demandé ; & ils déclarèrent être ſatisfaits. Cependant le 5me jour n'étoit point encore paſſé (2) , qu'on les entendit annoncer au roi , que ſi on ne leur faiſoit délivrer de l'argent au plutôt , pour fournir à la ſubſiſtance de leurs députés à l'aſſemblée qu'ils avoient convoquée à l'occaſion de l'édit , elle y mettroit ordre (3) ; & ils envoyèrent preſqu'en même temps des députés en Hollande & en Angleterre , pour inviter ces deux puiſſances à traverſer la paix que la France étoit ſur le point de conclure avec l'Eſpagne (4).

Mais avant que de paſſer outre , arrêtons-nous un moment ſur l'édit de Nantes , dont nous venons de parler. Cet édit accordoit aux proteſtans beaucoup au-delà de ce qu'ils avoient demandé au commencement , & beaucoup plus encore , monſieur , que vous ne demanderiez vous-même. Mais en furent-ils plus tranquilles , plus religieux obſervateurs des articles qui tendoient à conſerver la paix & la catholicité dans le royaume ? Examinons.

____

(1) En 1598.
(2) Le 29 juillet.
(3) Procès verbal des aſſemblées polit. tom. 2.
(4) Voyez aſſembl. politiq.

L'expérience avoit appris, & il étoit d'ailleurs facile de le prévoir, que leurs assemblées seroient toujours les foyers des conspirations ; & l'édit les prohiboit expressément (1). Cependant jamais ces assemblées ne furent plus fréquentes que depuis la publication de l'édit. Le roi leur avoit permis de rester assemblés à Saumur (2) jusques à la vérification de l'édit dans les parlemens du royaume, & à l'établissement d'une chambre mi-partie dans la Guienne. Cela étoit fait ; le roi leur ordonne de se séparer, ils refusent d'abord, & ne cèdent ensuite qu'à des ordres réitérés (3). Assemblés à Sainte-Foi pour nommer leurs agens, ils statuent que le conseil, ou le sénat des protestans sera convoqué dans les cas urgens par les voies les plus sûres & les plus secrètes (4). Ils osent même demander au roi qu'il leur soit permis de s'assembler toutes les fois qu'ils jugeront à propos sans être astreints à y admettre les commissaires nommés par sa majesté (5); ils signent avec serment

(1) Art. 77. ⅀. 88.
(2) En 1601.
(3) Procès verbal. V. manuscrit, tom. 3.
(4) Procès verbal de l'assemblée de Sainte-Foi, en 1601.
(5) Synode de Châtellerault, en 1605.

dans leur assemblée à Châtellerault, un acte d'union *pour rechercher d'un commun accord & consentement les moyens de leur juste, légitime & nécessaire défense* (1). Ils jurent *de ne révéler ce qui sera proposé ou délibéré ; &* dans le cas *que quelqu'un soit recherché pour observer ou mettre à exécution les délibérations des assemblées, ou pour s'y être trouvé, ils jurent d'employer pour son indemnité tous les moyens, biens & vie* (2). Ils règlent à Saumur qu'on tiendra tous les ans une assemblée générale & secrète de toutes les provinces : ils y renouvellent l'acte d'union, en ajoutant que c'est pour rechercher d'un commun accord & consentement les moyens de leur légitime & nécessaire défense & conservation, pour s'opposer quand besoin seroit (sous l'autorité du Roi) aux efforts & violences de leurs ennemis ; protestant d'obéir au roi & à la reine régente, le souverain empire de Dieu demeurant toujours dans son entier & de ne révéler ce qui sera résolu ni directement ni indirectement (3).

Louis XIII encore mineur venoit de

____

(1) Idem, voyez assemblées polit. tom. 3.
(2) Ibid.
(3) Procès verbal de l'assemblée de Saumur en 1611. Assembl. polit. tom. 3.

monter sur le trône. Les proteſtans avoient profité de cette circonſtance pour demander à la cour la permiſſion de s'aſſembler à Saumur ſous prétexte de nommer leurs agens généraux à la cour; mais en effet pour ſe concerter ſur un plan d'attaque & de défenſe. La cour l'avoit prévu, mais il eût été dangereux de ſe refuſer à leurs demandes dans un changement de règne. L'aſſemblée fut des plus nombreuſes; mais au lieu de procéder à la nomination de leurs agens, ils s'occupèrent de nouvelles prétentions, dont nous parlerons tout-à-l'heure, & qui tendoient à dépouiller le ſouverain d'une partie de ſes états. Le roi leur ordonna de procéder inceſſamment à la nomination des agens qui devoient être le ſeul objet de leur délibération. Ils répondirent „ qu'ils „ ne pouvoient ſe ſéparer ſans avoir reçu „ une réponſe favorable à leurs deman- „ des ; que la nomination de leurs dé- „ putés devoit être le dernier acte de „ leur aſſemblée, & qu'après la mort „ du roi, ils avoient beſoin de chercher „ leurs ſûretés, & de prévenir les fâ- „ cheuſes conſéquences qu'elle pourroit „ avoir (1)."

Il

____

(1). Aſſembl. polit. tom. **3**, manuſcr. tom. **6**.

Il fallut cependant se séparer après des ordres réitérés les plus exprès. Le roi leur fit remettre ensuite sa réponse à leur cahier, par laquelle il leur accordoit une partie de leurs demandes. Mais les assemblées qu'ils tinrent dans les provinces pour examiner ces réponses, n'en furent pas plus tranquilles. Plusieurs refusèrent de recevoir les commissaires qui devoient y assister de la part de sa majesté. Au lieu de les punir, le roi donna une déclaration portant abolition générale sur tout ce qui s'étoit passé, avec défenses de tenir à l'avenir de pareilles assemblées sans sa permission (1). Ils regardèrent ce pardon comme un outrage, & ils protestèrent contre cette déclaration, attendu, disoient-ils, qu'ils n'avoient pas besoin de permission pour s'assembler (2). Ils excommunièrent même un de leurs ministres pour n'avoir pas été de leur avis (3).

L'édit de Nantes avoit déclaré les calvinistes capables de posséder toutes les charges & tous les offices ; mais ils prétendirent qu'en jouissant de ce privilège, ils avoient droit d'en exclure les catholiques dans les villes qui étoient

------

(1) Déclarat. du 24 avril 1612.
(2) Synode de Privas au mois de juin 1612.
(3) Le ministre Ferier.

I

en la poſſeſſion des proteſtans (1). Henri IV décida en faveur des catholiques. Mais les religionnaires du Languedoc mépriſèrent ſes ordres. Les calviniſtes des autres provinces ſe joignirent à ceux du Languedoc ; & d'après leur avis, le ſynode de Saumur ordonna que „ ſans „ avoir égard à l'ordonnance du roi, „ les égliſes du Languedoc ſeroient ex- „ hortées à ſe maintenir dans l'état que „ l'édit de Nantes les avoit trouvées „ pour ce regard ; & qu'il ſeroit fait de „ nouvelles remontrances au roi pour „ le prier de révoquer ſon ordonnan- „ ce (2)."

L'édit portoit que les catholiques ſeroient remis en poſſeſſion de leurs égliſes, & que les eccléſiaſtiques ne ſeroient point troublés dans les fonctions de leur miniſtère. Cependant les calviniſtes de Montauban tinrent pendant huit ans les catholiques cantonnés dans une ſeule égliſe ; & pour y faire périr les prêtres de faim & de miſere, ils défendirent ſous peine d'excommunication, de leur louer des maiſons & de leur fournir des vivres. Les proteſtans du Béarn refuſèrent conſtamment de reſtituer aux ecclé-

_____

(1) Procès verbal de l'aſſemblée de Saumur en 1600 ; manuſcr. tom. 5.
(2) Ibid.

fiastiques les biens & les églises qu'ils leur avoient enlevés; ils s'opposèrent au rétablissement de la religion catholique dans cette province ; & nous verrons bientôt toutes les guerres qu'ils suscitèrent pour se maintenir dans leur usurpation : à la Rochelle, ils chassent les prêtres, & croient leur faire grace de leur laisser la vie (1). Dans les pays de Foix, ils les crucifient, ils pillent, ils brûlent les églises, les villages, les châteaux des seigneurs catholiques (2) ; ils brûlent plus de deux cents trente églises aux environs de Montpellier ; ils font cesser l'exercice public de la religion catholique, par-tout où ils se trouvent les plus forts.

Ailleurs ils continuent à répandre des libelles séditieux, leurs ministres soufflent le feu de la révolte, & insultent publiquement à nos plus augustes mystères (3). Ils instituent des maîtres d'é-

____

(1) Le magistrat ne les empêcha de massacrer les pères de l'oratoire qu'en leur représentant que les catholiques ne manqueroient pas d'user de représailles dans les villes dont ils étoient les maîtres. Voyez le mercure françois en 1621 , & l'hist. de la rébellion, tom. I , p. 265.

(2) Ibid.

(3) Un seul trait fera juger de leur fanatisme. Brosse, ministre d'Aymer, diocèse de Sarlat, ayant revètu un âne des habits sacerdotaux, le promena ainsi par les rues, en contrefaisant nos saintes cérémonies pour tourner le sacrifice de la messe en

coles, ils violent les fêtes établies par l'églife, ils empêchent ceux qui font à leurs fervices de vaquer à leurs devoirs de religion; & tout cela contre la difpofition expreffe de l'édit.

Il leur étoit encore défendu de former des ligues ou des affociations, & d'entretenir des intelligences au-dedans & au-dehors du royaume; & on verra dans la fuite, que jamais ces ligues & ces affociations ne furent fi fréquentes. Mais fans nous arrêter plus long-temps fur ces traits particuliers, reprenons le fil de l'hiftoire, & convainquons - nous toujours mieux que ce n'eft point en mettant les fectaires en liberté qu'on parvient à les ramener à l'obéiffance.

Nous avons déja obfervé que la mort d'Henri IV & la minorité de Louis XIII les avoient rendus plus hardis & plus entreprenans. Ils fentoient dans ces circonftances qu'on devoit les craindre, & ils ne manquèrent pas de fe faire redouter. L'édit de Nantes, dont ils avoient déclaré être contents, ne les fatisfit plus; ils demandèrent ,, que l'édit fût ,, rétabli en fon entier felon qu'il avoit ,, été expédié à Nantes, (c'eft-à-dire en ,, fupprimant les modifications que les

____

dérifion. Le fait eft configné dans les procédures qui furent faites à ce fujet.

„ parlemens y avoient miſes) que tou-
„ tes les places de ſûreté fuſſent con-
„ firmées pour 10 ans; que les gouver-
„ neurs de ces places ne puſſent s'en
„ démettre que du conſentement des
„ égliſes réformées; qu'en cas de mort,
„ le roi n'y pût pourvoir que ſur la
„ nomination des dites égliſes; qu'il
„ leur fût pareillement permis de forti-
„ fier les dites places de ſûreté; que
„ l'exercice de la dite religion, qui étoit
„ trop éloignée des villes, en fût rap-
„ proché; que la ſomme de 45,000
„ écus attribuée aux égliſes, pour l'en-
„ tretien des miniſtres, fût augmentée;
„ qu'il leur fût accordé de nouvelles pla-
„ ces de ſûreté; qu'il leur fût permis de
„ tenir des aſſemblées générales de deux
„ en deux ans; que leurs députés gé-
„ néraux à la cour fuſſent entretenus au
„ dépens de ſa majeſté (1). " Les proteſtans poſſédoient alors en France cent
trois places ou fortereſſes; & ils oſoient
encore en demander de nouvelles pour
les provinces de Bretagne, Normandie,
Ille de France, Picardie, Champagne,
Brie, Bourgogne, Forez, Beaujolois,
Lyonnois, Vivarais, Auvergne (2).
C'étoit vouloir qu'on mît le royaume
ſous leur domination.

____

(1) Mémoires de Rohan, tom. 2.
(2) Ibid.

Ils ne fe bornèrent pas à de fimples demandes : ils ordonnèrent aux gouverneurs de faire travailler inceffamment aux fortifications de leurs places : ils rétablirent celles de Châtillon-fur-Indre, que le roi avoit fait démolir ; & ils eurent en même temps l'audace de demander au roi la démolition des fortifications qu'il avoit fait conftruire à Pamiers (1).

Le roi ne pouvoit accorder toutes les demandes des proteftans fans fe livrer lui-même entre leurs mains ; cependant il leur permit de garder encore les places de fûreté pendant cinq ans au-delà du temps prefcrit par l'édit de Nantes, & qui alloit expirer ; il leur accorda quinze mille écus d'augmentation pour l'entretien de leurs miniftres, outre quarante-cinq mille écus que Henri IV leur avoit accordés, & de plus la fomme de cent mille livres pour l'entretien de leurs garnifons, outre cinq cents quarante mille livres qu'ils avoient obtenues à la conclufion de l'édit de Nantes. Il leur promit enfin de payer les frais de leurs députés à la cour (2). Mais les graces ne font pas plus propres que la tolé-

____

(1) Procès verbal de l'affemblée de Saumur, en 1611.

(2) Ibid.

rance à extirper le fanatisme ; & les calvinistes ne furent touchés que des refus
qu'on leur fit sur les autres articles.

Comme ils n'étoient jamais plus puis-
fans que lorsque le royaume étoit dans
la détresse, ils s'étoient déja efforcés de
traverser la paix de la France avec l'Espagne; & par le même motif, ils renouvellèrent leurs intrigues (1) auprès des
cours étrangères pour empêcher le mariage de Louis XIII avec Anne d'Au-
triche, qui devoit resserrer les liens de
cette paix. Ils firent eux-mêmes des repréfentations, ils menacèrent, ils se joignirent au duc de Rohan dans la Guienne
pour s'oppofer au passage du roi, qui
alloit au-devant de fa future époufe (2).
Louis fut obligé de prendre une route
détournée pour éviter d'en venir aux
mains avec fes propres sujets.

Ils fembloient n'avoir follicité l'édit
de Nantes que pour établir la liberté de
religion; mais alors ils ne voulurent plus
cette liberté que pour eux-mêmes dans
la province de Béarn. Ils en avoient

______

(1) Ces intrigues furent concertées dans une
de leurs assemblées tenues à Grenoble, fous prétexte de nommer leurs agens généraux pour la
cour en 1615. Voyez affemblées politiq. tom 4.
Mercure franç. tom. 3 & 4. Manufcr. tom. 6.

(2) Affembl. polit. tom. 4. Mercure franç. tom. 4.
Manufcr. tom. 6.

I iv

chaffé les eccléfiaftiques, ils s'étoient emparés des biens d'églife, ils avoient profcrit l'exercice de la religion romaine. Henri IV s'étoit contenté d'y envoyer quelques prêtres pour la rétablir. Louis XIII en ordonna le rétabliffement avec la reftitution des biens eccléfiaftiques ; & par un trait de bonté, il dédommagea les calviniftes en leur affignant fur fon domaine les mêmes revenus qu'ils perdoient par cette reftitution (1). Mais les calviniftes refufent conftamment d'exécuter l'arrêt du confeil, & intéreffent toutes leurs églifes dans leur caufe (2).

Il faut que le prince traverfe tout fon royaume & fe rende en Béarn pour faire enregiftrer l'arrêt & pour rétablir la religion & les eccléfiaftiques dans leurs droits (3).

Les proteftans regardent ce trait de juftice comme un acte d'oppreffion. Ils s'affemblent à la Rochelle, à Milhaud, à Montauban, à Andance malgré la défenfe expreffe du Roi : ils forment une confédération générale en faveur des béarnois. Ils tentent de furprendre Navarreins, & s'arment déja de poignards

----

(1) Arrêt du confeil rendu le 25 juin 1616.

(2) Procès verbal de l'affemblée de Loudun en 1619, tom. 5, colé fur le dos 224.

(3) En 1620.

pour égorger la garnison (1). Ils forti-
fient les places que Louis XIII leur a
permis de garder. Ils se donnent un chef
en Languedoc (2), *avec pouvoir de dif-
poser de la guerre & des finances comme il jugera à propos.* Les béarnois
s'emparent de nouveau des églises & des
biens ecclésiastiques. Il faut qu'ils soient
forcés par les armes à les restituer. La
Rochelle devenue le boulevard de la
confédération, expédie des commissions
pour mettre des troupes sur pied ; elle
publie des ordonnances pour lever les
impôts, & saisir les biens de l'église ;
elle en règle l'administration ; elle divise
les provinces du royaume en huit dé-
partemens ; donne à chaque département
des chefs généraux, avec ordre *d'assiéger, de forcer, composer, livrer jour-
nées & batailles* ; elle établit des con-
seils souverains pour rendre la justice ;
& elle répand des manifestes pour justifier la prise d'armes, disant qu'*ils font
contraints de recourir aux moyens naturels & légitimes, pour conserver par
une nécessaire défense l'autorité du roi,
la liberté de conscience & la sûreté de
leur vie* (3). C'est ainsi que, sous l'au-

____

(1) Hist. de la rébellion, tom. 1, p. 88.
(1) Dans une assemblée tenue à Nismes.
(3) Mercure françois ; histoire de la rébellion

torité du roi , ils prétendent s'ériger en souverains dans son royaume , & s'autoriser à prendre les armes contre lui-même.

Bientôt le Languedoc & la Guienne font en proie à toutes les horreurs des guerres civiles. Les genéraux, *en vertu de la commission à eux envoyée par les députés de l'assemblée générale des églises réformées de France & souveraineté de Béarn, tenant à la Rochelle,* ordonnent la levée d'une imposition destinée à l'entretien des gens de guerre & des fortifications, pour s'opposer, disent-ils, *à l'oppression des ennemis de l'état & pour conserver l'autorité du roi* (1). On abat les églises que les catholiques avoient relevées depuis les derniers troubles ; on démolit les restes des anciens édifices (2) pour employer les matériaux à de nouvelles fortifications ; on chasse les religieux & les eccléfiaftiques ; on tente d'engager l'Angleterre dans la querelle commune (3) ; on profane les re-

---

en 1621 ; manufcrit de la bibliothèque du roi, fur les affemblées politiques, tom. 7.

(1) Voyez l'ordonnance du marquis de la Force dans l'hiftoire de la Rochelle en 1622.

(2) A Ufez, à Nifmes, à Montpellier.

(3) Jacques I réfifta toujours conftamment aux follicitations des proteftans de France ; mais Charles I, moins prudent, s'engagea dans une querelle

liques des saints; on déterre les morts pour insulter à leurs cadavres. Negrepelisse assomme la garnison : Montpellier massacre le président de Cros, quoique calviniste, parce qu'il est venu parler de paix (1). Le roi est obligé d'assiéger ses propres villes : la victoire suit ses étendards : les calvinistes, forcés dans la plupart de leurs places, demandent grace & l'obtiennent (2). Mais après avoir obtenu grace, ils parlent encore en maîtres ; & demandent que le roi démolisse le fort de la Rochelle ; qu'il retire sa garnison de Montpellier ; qu'il fasse raser la citadelle qu'il y a construite ; qu'il congédie les troupes du Languedoc (3). Son refus les irrite : ils saisissent le moment où les troupes du roi sont occupées à la guerre d'Italie pour surprendre la Rochelle ; ils s'emparent des vaisseaux du roi qui sont dans le port (4) ; & dans l'instant la guerre se rallume par-tout, dans le Poitou, la

---

dont il porta lui-même la peine, ayant aliéné les françois, qui seuls auroient pu le secourir, lorsqu'il fut ensuite attaqué par ses propres sujets.

(1) Il y avoit été envoyé par le duc de Lesdiguières. Voyez l'histoire de la rébellion, tom. 2. Le mercure franç. Voyez la vie du connétable.

(2) Edit de Montpellier du 18 octobre 1622.

(3) Manuscrit, tom. 6 & 8.

(4) En 1625, manuscr. tom. 8. Mercure franç.

Saintonge, la Guienne, le Languedoc.
Ils traitent avec les efpagnols (1) actuellement en guerre avec la France; ils
follicitent des fecours en Angleterre.
Battus par terre & par mer, ils ont de
nouveau recours à la clémence du roi,
qui leur pardonne encore (2). Mais on
ne parviendra jamais à une folide paix,
tant qu'on laiffera aux fectaires les
moyens de la troubler.

Comme les calviniftes ne l'avoient de-
mandée que parce qu'ils fe trouvoient
dans l'impuiffance de continuer la guerre,
ils renouvellèrent leurs prétentions dès
qu'ils fe crurent en état de la recom-
mencer. Ils fignèrent à Nifmes (3) un
traité d'union, avec ferment ,, d'em-
,, ployer tout ce qu'ils avoient de cou-
,, rage & de force pour la maintenir,
,, & de tenir comme ennemis de leurs
,, églifes tous ceux qui refuferoient de
,, prêter ce ferment ou qui y contre-
,, viendroient, defirant qu'ils fuffent
,, pourfuivis comme tels (4)." Point de
déclaration de guerre plus formelle, &
contre le roi & contre fes fidèles fujets.

____

(1) Mercure françois en 1626.
(2) Edit du 6 avril 1625.
(3) En 1627.
(4) Manufcr. tom. 8. Regiftre de la maifon con-
fulaire de Nifmes. Mercure françois. Mémoires de
Rohan, p. 308.

Les rochellois recourent de nouveau aux anglois. Charles I, moins prudent que son prédécesseur, se ligue avec eux, & ceux-ci s'engagent par un traité „ à „ donner aux anglois tout secours possi- „ ble pour l'avancement & heureux suc- „ cès des armes de sa majesté (le roi „ d'Angleterre), en équippant le plus „ de vaisseaux qu'il leur sera possible, „ pour favoriser ses armes, en leur four- „ nissant les pilotes les plus expérimen- „ tés (1). De ne prêter l'oreille à aucun „ accommodement particulier ; de ne „ traiter d'aucune paix que du consen- „ tement de sa majesté sérénissime (2), „ & de se déclarer en sa faveur pour „ faire diversion, si le roi de France „ forme quelque entreprise sur ses „ états (3). " Les anglois mettent en conséquence une armée navale en mer pour soutenir les rochellois ; ils sont défaits. Les rochellois, assiégés par Louis XIII & réduits à la dure extrêmité de manger jusqu'aux cuirs de leurs souliers, s'obstinent encore à refuser la paix que le roi leur offre, & ils mettent à mort les citoyens qui la demandent. Les anglois reviennent ; ils sont battus une

____

(1) Art. 1.
(2) Art. 2.
(3) Art. 3.

seconde fois, & abandonnent leurs confédérés à la merci d'un prince victorieux, qui, pouvant leur faire sentir tout le poids de son indignation, ne leur fait encore éprouver que les effets de sa clémence (1). Mais par un bienfait beaucoup plus signalé, qu'ils n'avoient pourtant garde de demander, il force les rochellois à jouir de la paix qu'il leur donne, en les mettant par la démolition de leurs fortifications hors d'état de se révolter ; tandis que Charles I, après avoir soutenu la révolte des calvinistes en France, est détrôné & décapité lui-même sur un échaffaud par les calvinistes qui se révoltent contre lui en Angleterre.

Cependant la secte qui n'étoit point étouffée dans les autres provinces, couvoit encore dans son sein l'orage & la foudre. A peine Louis XIII eut-il passé les Alpes pour faire lever aux espagnols le siège de Casal, que les protestans s'efforcèrent de rallumer la guerre en France (2). Ils invitèrent les anglois à profiter des circonstances pour faire une descente sur les côtes du royaume, promettant *de n'écouter aucune paix que du consentement du roi d'Angleterre &*

---

(1) En 1628.
(2) En 1629.

des autres princes (1). Le duc de Rohan, qu'ils avoient déclaré chef-général de toutes leurs églises (2), entra en négociation avec l'Espagne ; & moyennant la somme de six cents mille écus d'or, „ il offrit tout humble service à „ sa majesté catholique (3). Il offrit d'en-„ tretenir la guerre & icelle conserver „ par tout le temps qu'il plairoit à sa ma-„ jesté, & de ne traiter la paix en par-„ ticulier ni en général, sans le su & „ consentement de sa majesté (4). Il „ s'obligea d'entretenir d'ordinaire douze „ mille hommes de pied & mille ou douze „ cents chevaux pour faire telle diver-„ sion qu'il plairoit à sa majesté catho-„ lique (5). Lui offrant en outre de te-„ nir & de favoriser tous ses desseins, „ en quelque temps que ce fût, & de „ tout son pouvoir (6). *Et cas avenant* „ *que le dit Sr. de Rohan & ceux de* „ *son parti se pussent rendre si forts,* „ *qu'ils se pussent cantonner & faire*

---

(1) Mercure françois, tom. 15. Mémoires du duc de Rohan, tom. 2, p. 131, &c. Edition de Paris.

(2) Registre de la maison consulaire de Nismes qui est dans la bibliothèque de M. Colbert.

(3) Article premier du traité passé à Madrid le 3 mai 1629.

(4) Art. 2.

(5) Art. 3.

(6) Art. 4.

,, *un état à part*, il promit liberté de
,, conſcience aux catholiques (1). Et au-
,, tre cas avenant que le dit Sr. de Ro-
,, han vînt à traiter la paix du ſu &
,, conſentement de ſa majeſté catholi-
,, que, il s'obligeât de la rompre quand
,, il plairoit à ſa majeſté, & de conſer-
,, ver la guerre moyennant la même
,, ſomme de ſix cents mille écus d'or (2).

Ce fut là le dernier effort de la ſecte
expirante. Le roi, après avoir terminé
heureuſement ſon expédition d'Italie, revint en France à la tête d'une armée
victorieuſe, força les plus fortes places
des calviniſtes : la crainte réduiſit les
autres; l'Angleterre rebutée par les mauvais ſuccès, vouloit vivre en paix avec
la France; l'Eſpagne étoit humiliée; les
calviniſtes n'ayant plus de reſſources,
prirent enfin le parti de ſe ſoumettre;
& la guerre ceſſa lorſqu'ils n'eurent plus
les moyens de la continuer.

Tel eſt, monſieur, l'hiſtoire abrégée
du calviniſme depuis ſon introduction
dans ce royaume juſqu'en 1629. Vous
pourrez en voir le détail dans celle qu'en
a fait M. Soulier, l'une des plus importantes & des plus authentiques que nous

(1) Art. 7.
(2) Article 12. Manuſcrit des mêlanges, tom.
10. Mercure franç. tom. 15.

ayons (1). Jugez à préſent de cette ſecte
dont vous vous déclarez le protecteur,
& dont il ſemble que vous ſoyez tenté
de devenir l'apologiſte. Secte ennemie
de toute autorité ; & qui n'ayant qu'une
prétendue inſpiration pour dernière règle de ſa religion & de ſes devoirs, ſe
fait une conſcience ſuivant les beſoins
des circonſtances ; ſecte qui adopte les
maximes les plus pernicieuſes pour juſtifier ſes attentats ; qui prêche tour-à-tour,
ſuivant ſes intérêts, l'obéiſſance & la
révolte ; qui demande d'abord à être tolérée ; que la tolérance enhardit ; dont
les prétentions s'accroiſſent avec ſes forces, & qui ne connoît plus de maître
lorſqu'elle croit pouvoir ſe faire redouter (2). Secte qui en demandant la paix,
ſouffle par-tout le feu de la guerre ; qui
en invoquant la charité, porte par-tout
la déſolation ; qui en exigeant la tolé-

---

(1) L'hiſtoire du calviniſme en France, in-4to.
Nous avons encore du même auteur l'hiſtoire des
édits de pacification, 1 vol. in-8vo.

(2) ,, Foible, marchant dans l'ombre, humble dans
    ,, ſon enfance,
,, Je l'ai vu ſans ſuppôt, exilé dans nos murs,
,, S'avancer à pas lents par cent détours obſcurs.
,, Enfin mes yeux ont vu, du ſein de la pouſſière,
,, Ce fantôme effrayant lever ſa tête altière ;
,, Se placer ſur le trône, inſulter aux mortels,
,, Et d'un pied dédaigneux renverſer les autels.
          VOLTAIRE, *Henriade.*

rance , exerce par-tout l'intolérantifme le plus cruel ; forçant les catholiques d'abjurer leur foi, détruifant leurs églifes , maffacrant leurs prêtres, puniffant par d'affreux fupplices la fidélité de ceux qui combattent pour leurs autels & pour leur fouverain, fe liguant avec les ennemis de l'état, leur livrant les places, concertant avec eux des plans d'attaque & de défenfe , aboliffant la monarchie dans les villes dont elle eft en poffeffion., demandant grace quand elle eft abattue, oubliant fes fermens quand elle a repris fes forces, ne cédant enfin que lorfqu'elle ne peut plus réfifter. C'eft d'après l'hiftoire, c'eft d'après le témoignage d'un célèbre politique de la fecte même, que j'en trace le tableau.

,, J'ai vu , dit cet auteur , j'ai vu
,, dans ces derniers temps s'élever des
,, hommes qui ont voulu nous faire
,, abandonner une églife où nos pères
,, ont pris naiffance, & qui s'en font
,, féparés eux-mêmes; des hommes qui
,, ont entrepris d'enfeigner & d'admi-
,, niftrer les facremens de leur propre
,, autorité, en difant qu'il falloit obéir
,, à Dieu plutôt qu'aux hommes, com-
,, me s'ils avoient reçu du ciel la miffion
,, des apôtres. Ils ont eu même l'audace
,, de traiter les rois d'idolâtres & d'ef-

,, claves des papes. Ils ont invité les
,, peuples à venir en armes à leurs prê-
,, ches; ils les ont soulevés contre les
,, magistrats; ils les ont excités à briser
,, les images, à renverser les autels, à
,, détruire les églises, à susciter des guer-
,, res civiles, à prendre ouvertement
,, les armes contre leurs souverains. J'ai
,, vu couler par-tout le sang des chré-
,, tiens; & considérant les mœurs de ces
,, nouveaux évangélistes, j'ai reconnu
,, que bien loin d'en être meilleurs, ils
,, étoient encore pires, sur-tout dans les
,, succès; & qu'à force de combats, ils
,, n'en étoient devenus que plus fé-
,, roces (1).``

Ainsi parloit de sa propre secte un calviniste du dernier siècle. Le lecteur sera
peut-être surpris du contraste frappant
entre le langage d'un protestant qui nous
fait l'effrayant tableau des désordres des
calvinistes, & celui d'un curé qui les
excuse. Ce ne sera point à lui en expliquer les raisons. Je vous ferai seulement observer, monsieur, que le protestant voyoit les choses de plus près que
vous; & je vous demanderai en finissant,
si vous croyez que ce soit afficher le fanatisme, & faire des vœux contre sa re-

____

(1) Grot. *votum pro pace*, tom. 4, p. 653, edit.
in-fol. 1679.

ligion & sa patrie, contre ses concitoyens & contre le prince, de desirer qu'une secte qui a toujours été si funeste à l'église & à l'état, soit captivée par l'autorité des loix, qu'elle soit forcée à rester dans le silence, à respecter l'ordre public & le ministère apostolique: je ne devine pas trop la réponse que vous pourrez me faire; j'ai cependant l'honneur d'être,

Monsieur,

Votre, &c.

LETTRE VII.

Quelque effrayant que ſoit, monſieur, e tableau des horreurs auxquelles ſe ſont livrés les calvininiſtes, vous devez avoir obſervé qu'elles n'étoient qu'une ſuite naturelle de l'eſprit d'indépendance qui les avoit d'abord ſoulevés contre leurs paſteurs légitimes. Pourroit-on ſe promettre en effet qu'une ſecte qui ne vouloit point obéir à la voix de l'égliſe, reſpecteroit davantage l'autorité des rois? qu'une ſecte qui laiſſoit à chacun la liberté de régler ſa conſcience & ſa foi, ſuivant ſon inſpiration particulière, ne plieroit pas ſa religion ſelon les beſoin des circonſtances. Nos malheurs paſſés nous annoncent donc ce que nous aurions à craindre, ſi on leur redonnoit une liberté qui a été ſi funeſte & aux ſouverains & à la patrie, & aux calviniſtes eux-mêmes.

En vain pour nous raſſurer, nous direz-vous, monſieur, que le temps du fanatiſme eſt paſſé; que les proteſtans ſont devenus plus indifférens ſur leur religion; qu'ils ſont tranquilles depuis 1623; que la liberté qu'ils ſollicitent ne ſervira qu'à les attacher au bien de l'état. Vous ne donnez que des affertions, & moi j'oppofe à vos affertions, l'expérience des fiècles paffés.

Car il eft de maxime dans l'ordre moral comme dans l'ordre phyfique, que la même caufe, placée dans les mêmes circonftances, doit produire les mêmes effets; parce que la nature du cœur humain, comme celle des êtres phyfiques, eft toujours la même. Or vous venez de voir, monfieur, dans l'hiftoire abrégée du calvinifme, non pas feulement des faits ifolés, occafionnés par des caufes incidentes & momentanées, mais une continuité, mais un enchaînement de défordres qui a commencé à la naiffance du calvinifme, & qui n'a été interrompu qu'au moment de fa profcription.

Vous me difpenferez ici, je penfe, de vous répéter ce que j'en ai dit dans ma lettre précédente; & fi cette continuité d'attentats ne fuffit pas encore pour vous faire connoître l'efprit de la prétendue réforme, & les malheurs qu'elle traîne à la fuite, jettez les yeux autour de vous fur les autres pays où elle s'eft introduite; voyez comment partout elle a confervé le même efprit; comment elle a fuivi par-tout la même marche, elle a caufé par-tout les mêmes fermentations.

A peine Luther a-t-il commencé à prêcher son nouvel évangile en Allemagne, que toute l'Allemagne est en feu, l'empire se divise, le chef est attaqué, rébellion, confédérations, combats sanglants, provinces dévastées, villes détruites, monastères & autels renversés, tel est l'horrible pronostic qui annonce à l'Europe entière la désolation que l'hérésie naissante va porter dans les autres royaumes. La Suède imprégnée de son souffle contagieux, éprouve d'abord de cruelles fermentations. Bientôt elle se révolte contre son prince légitime, lui livre des batailles & le chasse de ses états (1). En Danemark les protestans

____

(1) En 1595, les suédois profitèrent de l'absence du roi Sigismond, pour bannir du royaume la religion catholique que ce prince y avoit rétablie. Ils arrêtèrent dans l'assemblée des états, tenue à Suderkoping, que les catholiques seroient exclus de toutes les charges; que les prêtres sortiroient du royaume; que les religieuses seroient chassées; que l'exercice de la religion romaine seroit interdit, & que les protestans qui l'embrasseroient, ou qui feroient élever leurs enfans dans cette religion, deviendroient inhabiles à succéder. Ils mirent dans cette assemblée presque toute l'autorité souveraine entre les mains du duc Jean; & ils firent enfin la guerre à leur souverain, & finirent par mettre le duc sur le trône à la place de Sigismond. Voyez Puff. hist. de Suède, tom. 2, p. 111, &c. édit. in-12. Amst. 1743.

se joignent aux factieux contre leur souverain (1), & contre son fils (2), dont ils redoutent la catholicité, & mettent la couronne sur la tête de Frédéric (3). La Prusse se voit agitée par des secousses violentes dès que la réforme s'y est introduite. La guerre s'allume dans la Suisse dès que Zuingle a entrepris d'y réformer la religion dans plusieurs cantons ; les églises & les monastères sont détruits, & la religion catholique en est absolument proscrite. La commotion que produit l'hérésie dans le pays des Grisons, fait couler les ruisseaux de sang, & dure au-delà d'un siècle (4). Genève se révolte contre son prince (5), lui ferme ses portes, chasse les catholiques, abolit la religion romaine & s'érige en république. En Pologne les calvinistes chassent les prêtres & pillent les villes dont ils se font rendus les maîtres ; à Anvers ils s'emparent des églises & des biens ecclésiastiques, & profanent le corps adorable de Jesus-Christ (6). La Hollande

____

(1) Christierne II.

(2) Le prince Jean.

(3) En 1523 & 1524. Voyez l'hist. de Danemark, par M. Mallet, tom. 2, l. 6 & 7.

(4) Depuis 1524, que l'hérésie commença à s'y introduire, jusqu'en 1646.

(5) En 1535.

(6) En 1566.

Hollande éprouve les plus cruelles con-
vulſions à la voix des nouveaux réformateurs. Bientôt la révolte, en même
temps des guerres civiles déſolent ſes
provinces. Les rebelles prévalent enfin,
ils ſe forment en république & aboliſſent
la monarchie avec la religion catholique.
L'Angleterre devient le théatre des guerres les plus ſanglantes. Les calviniſtes
après en avoir banni la religion de leurs
pères font périr leur ſouverain ſur un
échafaud, élèvent le plus affreux deſpotiſme ſur les ruines de l'ancien gouvernement, au lieu de cette liberté chimérique qui avoit ſervi de prétexte à leur
religion. Enfin, monſieur, citez-moi un
ſeul pays où la prétendue réforme ait
pénétré ſans y produire des troubles à
proportion des forces qu'elle y a acqui-
ſes (1). Et ce qui nous intéreſſe encore
davantage, citez-moi une ſeule monarchie que le calviniſme ait laiſſé ſubſiſter,
lorſqu'elle eſt parvenue à y dominer.

Or peut-on raiſonnablement eſpérer
qu'une ſecte qui a jetté le glaive de la
diſcorde dans tous les pays où elle s'eſt
introduite, aimera jamais la paix ? que

______

(1) *Calvini diſcipuli ubicumque invaluere impe-
ria, turbavere ſpiritum Calvini contumelioſum &
inquietum.* Grot. in animadverſ. Rivetii, op. t. 4,
p. 649, in fol. p. 650, edit. 1679.

K

cette secte qui a toujours élevé de nouvelles prétentions à proportion de ses succès, qui a toujours formé de nouvelles entreprises à proportion de ses forces, qui enfin a voulu dominer partout où elle a été assez puissante pour prétendre à l'empire, sera une secte tranquille, soumise, modeste, c'est-à dire qu'elle cessera d'être ce qu'elle a toujours été ? Votre assertion doit-elle prévaloir sur l'expérience de tous les temps, & exposer le monarque, l'état, la religion, les citoyens, aux mêmes malheurs ? Vous-même, monsieur, seriez-vous tenté en pleine santé de faire usage d'un remède qui auroit précipité une infinité de malheureux dans le tombeau ?

Mais la Hollande & l'Angleterre ne jouissent-elles pas de la paix, malgré le mélange de religion ? Oui, monsieur ; & la raison, c'est que la réforme parvenue à l'empire n'a plus rien à prétendre, & que les catholiques qui sont sous le joug, ont appris de leur religion à souffrir & à obéir. Mais est-il un seul pays catholique où les calvinistes aient vécu tranquilles lorsqu'ils ont joui du libre exercice de leur religion. Ecoutons là-dessus un historien protestant :

„ Les premiers réformateurs qui dé-
„ clarèrent une si furieuse guerre aux su-
„ perstitions romaines, dit M. Hume,

,, furent tous enflammés du plus grand
,, enthouſiaſme. Ces deux eſpèces de
,, monſtres, la ſuperſtition, (c'eſt le nom
,, qu'il donne à la religion catholique)
,, & le fanatiſme ſont diamétralement
,, oppoſés; & la force du dernier doit
,, être extrême pour inſpirer le courage
,, de cenſurer l'autorité, & la hardieſſe
,, d'introduire dans le monde ſes pro-
,, pres innovations... Delà cette fermeté
,, inflexible qui fit braver aux nouveaux
,, religionnaires les dangers, les tour-
,, mens & la mort même, lorſqu'en prê-
,, chant la doctrine de paix, ils portoient
,, le tumulte de la guerre dans toutes
,, les parties de l'égliſe chrétienne (1)."
Cet auteur obſerve que la reine Eliſa-
beth s'efforça inutilement de réprimer
le fanatiſme des presbytériens (ou calviniſtes) *qui dès le premier moment parut
menacer l'égliſe & l'état.* Ce furent en
effet les presbytériens qui commirent le
plus horrible attentat dans la perſonne
de Charles I. Ce furent les presbytériens
qui formèrent une conſpiration pour dé-
trôner Charles II, parce qu'il favoriſoit
les épiſcopaux, & pour aſſaſſiner le duc
d'York, l'héritier préſomptif de la cou-

______

(1) Hiſt. de la maiſon de Stuart par **M.** Hume,
an 1604.

ronne , parce qu'il étoit catholique (1).
Ce furent les presbytériens qui dépouil-
lèrent le même duc d'York de la couronne & la mirent sur la tête du prince
d'Orange.

Voulez-vous, monsieur, des exemples
plus récens , lisez dans les nouvelles publiques de l'année dernière , les excès
que les calvinistes ont commis contre les
catholiques en Ecosse , & dans une des
villes de Hollande pour se venger de la
protection que le gouvernement leur
avoit accordée. Voyez les troubles con-
tinuels qu'ils excitent encore aujourd'hui
en Angleterre contre leur prince.

Mais voudrois-je donc accuser tous les
calvinistes du fanatisme que je reproche
à leur secte ? à Dieu ne plaise. Il est
parmi eux des hommes qui engagés dans
l'erreur par le malheur de leur naissance,
mais vrais citoyens par la droiture de
leur cœur, méritent l'estime publique.
Il est de ces hommes rares dignes de la
confiance des rois, qui servent le prince
& l'état avec le zèle, l'intégrité, le dés-

____

(1) Voyez la déclaration de Charles II, impri-
mée à Paris , au bureau d'adresse devant la rue
St. Thomas en 1683. Voyez encore l'hist. de la
maison de Stuart par M. Hume, tom. 6. Cette déclaration se trouve rapportée toute au long dans
l'hist. des édits de pacification, par M. Souliers.

intéressement & cette supériorité de génie qui forme les grands hommes, & en faveur desquels les loix doivent se taire ; la patrie les adopte, & les droits qu'ils ont sur notre reconnoissance, forment pour eux les titres les plus glorieux de leur adoption ; mais je distingue ici les mœurs des particuliers qui forment des exceptions, de l'esprit de la secte en général, qui ne change point.

Vous allez peut-être m'objecter, monsieur, que prescrire la religion protestante en France, c'est inviter les protestans à interdire l'exercice de la religion catholique dans les pays soumis à leur domination. Je nie la conséquence. Pourquoi cela ? parce que la vérité & le mensonge n'ont pas le même droit sur le cœur des hommes, ni à la protection des rois. Pourquoi encore ? parce que les catholiques & les calvinistes se dirigent par des principes tout opposés. Les uns ont pour maxime d'obéir à leurs maîtres légitimes, même lorsqu'ils sont durs & cruels ; & ce principe est chez eux invariable, parce qu'il est enseigné par une autorité infaillible & toujours vivante. Voilà ce qui assure les souverains de leur fidélité dans les pays protestans. Les autres au contraire déja soulevés contre l'autorité des pasteurs, se conduifent tous par les mouvemens d'une infpiration particulière, qui doit naturellement les diriger fuivant leurs intérêts perfonnels & le befoin des circonftances; & voilà ce qui les rendra toujours dangereux dans les pays catholiques. Les premiers, bien loin de troubler les états où ils fe font introduits, ont refferré les liens de la fociété par l'efprit de charité qui les animoit; les autres les ont brifés en foufflant par-tout le feu de la difcorde; les uns quoique perfécutés fe font rangés fous les drapeaux de leurs princes pour la défenfe de l'état: les autres fe font rendus redoutables à l'état même lorfqu'ils fe font crus affez puiffans pour fe faire craindre. J'en appelle ici, monfieur, à l'expérience de tous les fiècles, j'attefte ici principalement le témoignage glorieux qu'ont rendu tout récemment le roi & le parlement d'Angleterre aux catholiques qui font au milieu d'eux. Mais la charité & la foumiffion font tellement propres à l'églife, qu'elles ne peuvent appartenir à aucune fecte, parce qu'elles dérivent d'un efprit qui n'appartient qu'à elle, parce qu'elles font un miracle perpétuel de la grace que Jefus-Chrift n'a promis & qu'il ne donne qu'à elle feule.

Revenons à prefent, monfieur, aux

calvinistes de ce royaume. Vous nous dites qu'ils vivent en paix depuis 1628 (1), c'est-à-dire qu'il n'a fallu que démolir les fortifications de la Rochelle pour changer l'esprit de la secte; si cela étoit, j'en conclurois que le seul moyen de la contenir est de la mettre dans l'impuissance de nous nuire.

Mais êtes-vous bien assuré que les calvinistes vivent en paix depuis 1628? On doit supposer naturellement que vous avez pris des informations bien exactes ; car le ton que vous prenez fait aujourd'hui bien des dupes : mais j'ai eu la curiosité d'y regarder de plus près ; & j'ai vu dans nos histoires, au commencement du règne de Louis XIV, les calvinistes se liguer avec les anglois, les presser de faire passer une armée en Guienne, avec promesse de leur remettre toutes les villes dont ils pourroient disposer (2). Quel étoit donc leur but? étoit-ce de se procurer la liberté de religion? ils en jouissoient ; Louis XIV

(1) Ce mot a été ajouté d'après ce que l'auteur du dialogue a dit dans son supplément.

(2) L'acte qui en fut dressé à Montpazier dans la Basse-Guienne en 1659, se trouve dans l'histoire du calvinisme par M. Souliers, avec les preuves de l'auteur cité de cet acte, p. 553, &c. édit. in-4to. 1686, chez Edme Couterot.

avoit renouvellé l'édit de pacification à
fon avénement à la couronne (1) ; mais
ils vouloient éloigner la paix que la
France alloit conclure avec l'Efpagne ;
ils redoutoient l'alliance qui devoit en
être le lien, parce que la France deve-
nant alors plus puiffante, elle auroit aufli
plus de force pour les réprimer : je les
ai vus en 1683 s'attrouper de tout côté
en armes dans la Guienne, lorfque le
roi étoit occupé à la guerre de Flandre,
ouvrir les temples qu'il avoit fait fermer,
prêcher fur les ruines de ceux qu'il avoit
fait démolir, *affeĉtant de fe faire remarquer pour faire connoître au roi,
difoient-ils, qu'ils étoient en état de tout
fouffrir pour continuer à rendre à Dieu
le fervice folemnel qui lui étoit dû ;*
déclarant *que fi on les opprimoit, ils s'y
oppoferoient de tout leur pouvoir, en
fe tenant fur la défenfive,* & ordonnant
en conféquence *de tenir un état de ceux
qui pourroient fervir* (2). Je les ai vus
aux mains avec les troupes du roi en
Dauphiné (3). Cela eft dans le temps que
les calviniftes d'Angleterre formoient le

____

(1) En 1652.
(2) Projet des réformés du mois de mai 1683.
Voyez l'efprit d'Arnaud, p. 338, 339.
(3) Les arrêts rendus contre les principaux auteurs de cette fédition, chez Léonard, p. 173.

complot d'assassiner Charles II avec le duc d'York, & que les turcs attirés en Hongrie par les calvinistes de ce royaume, y commettoient les plus horribles ravages (1). Je les ai vus éclater en plaintes & en murmures, parce que le roi avoit défendu aux catholiques d'apostasier, & aux calvinistes de gêner la liberté de leurs enfans, qui ayant atteint l'âge de raison, voudroient embrasser la religion catholique (2). A Saint-Hippolyte dans le diocèse d'Alais, ils insultent publiquement & à l'auguste Sacrement de nos autels, & au ministre qui le porte & aux fidèles qui marchent à sa suite (3). *Voilà, monsieur, comment les calvinistes vécurent en paix* avant la révocation de l'édit de Nantes.

Après la révocation, ils furent plus tranquilles ; mais cette tranquillité ne dura qu'autant que la prospérité des armes de Louis XIV leur fit redouter sa puissance : sur la fin de son règne, lorsque ses ennemis alloient accabler l'état par leurs forces réunies, ces citoyens si paisibles se soulevèrent en Lan-

(1) Voyez l'esprit de Bernard, tom. 2, p. 277.
(2) Requête des calvinistes de Poitou en 1680.
(3) Sentence rendue par M. d'Aguesseau, intendant du Languedoc, du 3 février 1681, confirmée par arrêt du conseil du 24 du même mois.

K v

guedoc pour hâter sa ruine. J'en atteste les désordres qu'ils commirent dans cette province en 1706 sous le nom de camisards?

En 1724 Louis XV donna son édit concernant les mariages des protestans. Les dispositions de cet édit réduisirent d'abord la secte au silence. L'église vit alors avec joie une infinité de calvinistes rentrer dans son sein (1); & le royaume fut tranquille tant qu'on veilla à l'exécution des loix.

Que n'eussiez-vous pas dit alors, monsieur, pour inviter le prince à révoquer ces loix rigoureuses qui gênoient leur liberté? Or ce que vous auriez alors conseillé, on essaya de le mettre en pratique, non en révoquant ces loix, mais en négligeant leur exécution pour s'accommoder à la nécessité des circonstances. Vous allez en voir les suites.

Ce fut en 1742 que Louis XV étant

---

(1) On comptoit en Languedoc, dans le temps que M. de Baville étoit intendant de cette province 198,478 calvinistes convertis, outre 440 chefs de famille gentilshommes. Voyez les mémoires de M. de Baville, imprimés à Amsterdam chez Pierre Boyer en 1734, p. 78. On y rapporte les conversions qui se sont faites en chaque diocèse particulier; & aujourd'hui, selon la relation de personnes très instruites, le nombre des calvinistes a diminué à-peu-près d'un quart.

en guerre avec les anglois, & inſtruit des intelligences qu'ils entretenoient tou-jours avec les proteſtans de ſon royau-me, voulut ménager ceux-ci dans la crainte d'un ſoulevement. Ils s'apper-çurent, & ne manquèrent pas de s'en pré-valoir. La ſecte revit alors de ſes cendres. Et comme l'eſprit de ſecte ne meurt ja-mais, elle revit telle-qu'elle avoit paru dès ſa naiſſance, toujours plus hardie à meſure qu'on lui laiſſoit plus de li-berté (1). Ils s'aſſembloient auparavant

(1) Dans le Poitou où les calviniſtes étoient très-nombreux, ils ſont diminués de beaucoup : & il n'y en auroit preſque plus, ſi on avoit exécuté les ordonnances, comme on verra par le mémoire ci-après, qui m'a été communiqué par une perſonne reſpectable, & dont voici le contenu:

La religion proteſtante a été, comme n'étant point dans le Poitou, pendant tout le règne pré-cédent, juſqu'en 1743 que les nommés Pradon & Beſſé, ſoi-diſant miniſtres, vinrent au canton de Saint-Maixant & commencèrent à tenir leurs prê-ches & leurs aſſemblées à deux lieues de la ville, dans les lieux les plus écartés & les plus déſerts. Ils s'approchèrent enſuite d'une lieue & ne firent d'abord que très-peu de baptêmes & de mariages de quelques payſans ſeulement, ne trouvant rien qui les arrêtât. Ils oſèrent publier hautement que le prince autoriſoit leur miniſtère & permettoit la liberté de religion. Alors tous les proteſtans, même le petit nombre de nobles qui reſtoit encore de cette ſecte, ne balancèrent plus à faire porter aſſez pu-bliquement leurs enfans à leurs aſſemblées pour y être baptiſés, & à les enterrer lorſqu'ils venoient

K vj

en fecret : ils ne prirent plus alors la peine

à mourir ; au lieu qu'auparavant ils étoient très-exacts à les faire porter aux églifes de leurs paroiffes pour y recevoir la fépulture eccléfiaftique. Ils fe marièrent auffi dans ces affemblées avec plus de liberté & en plus grand nombre. La ville de Saint-Maixant & les fauxbourgs ont été les derniers à fuivre cet exemple. En 1764 ils fe pourvurent d'une maifon dans le centre de la ville ; mais ce temple fut détruit bientôt après, ainfi qu'un autre temple qu'un gentilhomme proteftant avoit fait conftruire à-peu-près dans le même temps, fur la paroiffe des romans. On avoit fait approcher deux compagnies de cavalerie dans ces cantons, & les proteftans ne firent aucune réfiftance. Ils n'avoient encore aucun chef dans ce temps-là ; & fi on eût donné le moindre figne d'oppofition lorfqu'ils commencèrent à s'affembler, leurs affemblées auroient ceffé abfolument. M. de Tourny, intendant de Limoges, ayant donné ordre à quelques cavaliers de la maréchauffée de pourfuivre leurs maîtres d'écoles, les miniftres fe retirèrent d'abord fur les confins de l'Angoumois & du Poitou ; delà ils paffèrent dans cette dernière province, où ils efpérèrent d'être plus en fûreté. Avant 1743 ils ne faifoient point difficulté d'aller à l'églife & d'affifter aux fermons. Il y a des paroiffes à la campagne, où ils alloient à la meffe les jours des fêtes annuelles. Ils fe tenoient à l'églife très-modeftement : ils fe trouvoient aux mariages, aux enterremens des catholiques & aux autres cérémonies de l'églife. Les pères venoient affifter au baptême de leurs enfans, & conduifoient à l'églife & à la fépulture les corps de leurs enfans qui venoient à décéder. Lorfqu ils vouloient fe marier, ils fe faifoient inftruire par leurs curés dans la religion catholique ; & après un certain temps d'épreuve fuffifant, ils faifoient abjuration. Ils recevoient enfuite le facrement de pénide se cacher. On les vit à Montbelliard

tence & de mariage. Plusieurs de ceux qui se marioient ainsi, retournoient de bonne foi à l'église & persévéroient. Quoiqu'il n'y eut qu'un des deux époux qui persévérat, les enfans nés de ces mariages étoient élevés dans la religion catholique, sans que l'époux ou l'épouse calviniste osât s'y opposer. On voyoit assez souvent des conversions au lit de la mort, & plus qu'on en voit à présent ; parce que leurs ministres rendent inutiles les soins & les attentions des curés pour les protestans malades. Ceux qui revenoient de leurs maladies après avoir fait abjuration, persévéroient ordinairement, & leur conversion en attiroit d'autres. Il n'étoit pas même rare de voir des protestans, au lit de la mort, demander de leur propre mouvement des prêtres pour faire abjuration. Les protestans ne manquoient pas alors d'avertir les curés. A présent la plupart, soit par la crainte de leurs ministres, soit par un faux zèle pour la religion laisseroient périr un mourant qui voudroit se faire instruire, sans lui procurer les secours qu'il demande. Avant 1743 la religion protestante venoit très-sensiblement à rien. La ville de Saint-Maixant qui étoit autrefois presque toute protestante, ne compte pas aujourd'hui plus de trente familles de cette secte. Il y a des paroisses à l'entour qui étoient aussi presque entiérement protestantes, & qui sont aujourd'hui presque toutes catholiques. Plusieurs villes du Poitou, comme Niort, Loudun & Châtellerault étoient en grande partie composées de protestans; & il n'y en a presque plus à présent. La capitale en a eu autrefois, mais les uns sont morts, les autres se sont convertis, & il n'en reste pas aujourd'hui un seul. Que n'y auroit-il point à espérer, si on remettoit les choses sur le pied où elles étoient avant 1743, & si on avoit soin d'éloigner leurs ministres, qui sont la plupart des paysans du pays,

s'oppoſer les armes à la main, à la priſe de poſſeſſion de leur nouveau curé (1):

qui ne ſavent pas même lire. Il y en a eu ſeulement deux ou trois moins ignorans, qui ſont venus de Genève, où ils avoient été ſe faire inſtruire, depuis la retraite des dits Pradon & Beſſé ; & ceux-ci ne s'étoient retirés qu'après avoir amaſſé beaucoup d'argent par le moyen des contributions & des quêtes. Ils tiroient tout ce qu'ils pouvoient du riche & du pauvre. On l'a ſu à n'en pouvoir douter des proteſtans qui ont paſſé à la religion catholique. Une pauvre femme de la campagne, ſans biens & ſans reſſources, étoit taxée à douze ſols. Il n'eſt pas ſurprenant que ces miniſtres ſoient devenus riches d. pauvres qu'ils étoient. On ignore ce qu'ils ſont devenus après leur départ. Mais on prévoit qu'on a tout à craindre des proteſtans ſi on continue à tolérer l'exercice de leur religion, ce ſeroit encore pis ſi on l'autoriſoit. La communication de ce pays-ci avec l'Angleterre eſt très-facile ; depuis la révocation de l'édit de Nantes, pluſieurs calviniſtes du Poitou entretiennent des relations & des liaiſons de parenté avec les calviniſtes d'Angleterre ; & quelque ſoin que prennent les premiers de diſſimuler leurs ſentimens, les catholiques qui vivent avec eux s'apperçoivent aiſément combien ils ſont peu attachés à leur prince.

(1) On le fit accompagner par des ſoldats pour le mettre en poſſeſſion ; mais étant en trop petit nombre, ils n'osèrent ſe commettre avec les calviniſtes; on fut obligé de commander un détachement qui le conduiſit, la baïonnette au bout du fuſil, juſques dans l'égliſe. Il y eut même des coups de fuſils tirés en dedans & en dehors. Cet événement eſt arrivé vers l'année 1742. Je le tiens d'un prélat encore vivant, qui ſe trouvoit alors aux environs de Montbeliard.

leurs ministres qui ne faisoient que des apparitions furtives, s'établissent insensiblement dans les provinces. Aujourd'hui ils font leurs missions (1), ils baptisent, ils marient, ils délivrent des extraits de baptême & de mariage, & ils osent produire ces extraits en face de la justice (2). Aujourd'hui les protestans

---

(1) M. l'évêque de Lodève faisant une mission en personne dans une des paroisses de son diocèse, le ministre protestant commença la sienne tout près de l'église dans une espèce de grange à demi ruinée. M. l'évêque, résolu d'empêcher ce scandale & ne voulant pas user de la voie de rigueur, prit le parti d'acheter la grange & de la faire démolir aussi-tôt.

Dans la Saintonge, lorsque M. l'évêque fait faire des missions dans les paroisses où il y a des calvinistes, leurs ministres leur défendent d'y assister sous peine d'excommunication ; & ils sont obéis. Dans une de ces missions, ils choisirent le jour le plus solemnel pour déterminer une pauvre femme & mauvaise catholique, qu'on dit avoir été séduite par argent, à faire abjuration publique de sa foi dans leurs assemblées, pour insulter avec plus d'éclat au zèle des missionnaires.

(2) ,, Presque toutes les barrières opposées au
,, calvinisme, dit le clergé en s'adressant au roi en
,, 1760, ont été successivement rompues. Des mi-
,, nistres, des prédicans élevés dans des écoles hé-
,, rétiques & chez les nations étrangères, ont inondé
,, quelques-unes de vos provinces. Ils ont tenu
,, des consistoires, des synodes, & n'ont cessé de
,, présider à des assemblées tantôt plus secrètes,
,, tantôt plus solemnelles... Toute la liturgie cal-
,, vinienne se pratique dans ces assemblées. On y

se préſentent devant les curés, non pour recevoir la bénédiction nuptiale, mais

„ baptiſe, on y prie, on y diſtribue la cène, on
„ prêche l'erreur, on y marie, & les miniſtres &
„ les prédicans ne craignent pas de délivrer des
„ certificats de ces baptêmes & de ces mariages...
„ Ils ont même entrepris de conſtruire des temples
„ en certains lieux. On ne demandoit d'abord pour
„ ſes partiſans (du calviniſme) d'autre faveur que
„ de pouvoir célébrer dans une forme purement
„ civile & profane leurs mariages.... & quoiqu'on
„ feignit ſe borner à cette permiſſion, il étoit évi-
„ dent qu'elle conduiſoit par elle-même.... à la to-
„ lérance entière du calviniſme. Aujourd'hui on
„ prêche plus hautement cette tolérance.‟ Procès
verbal de l'aſſemblée du clergé en 1760, ſéance
du 2 juin, p. 217, 218.

En 1765 & 1766, le clergé a renouvellé les mêmes plaintes, ajoutant que „ dans les diocèſes de Va-
„ lence, de Die, de Grenoble, de Caſtres, de Cahors,
„ Niſmes, de Rodez, de Montauban, de Mont-
„ pellier, de Luçon, d'Agen, de Beziers, &c. les
„ calviniſtes tenoient des aſſemblées; que les mi-
„ niſtres y préſidoient, prêchoient l'héréſie, fai-
„ ſoient la cène & laiſſoient très-ſouvent les enfans
„ mourir ſans baptême.‟ Voyez le procès verbal
de cette aſſemblée, p. 482.

M. l'évêque de Meaux dans ſon rapport à l'aſſemblée de 1770, s'exprime en ces termes : „ Tan-
„ dis que les proteſtans ont craint d'être réprimés,
„ ils ſont demeurés dans le ſilence. Mais attentifs
„ à ſaiſir les occaſions d'accréditer leur ſecte, ils
„ ont profité pour cela des dernières guerres que
„ le royaume a été obligé de ſoutenir. C'eſt ſur-
„ tout dans ces momens critiques que les attrou-
„ pemens ſe ſont multipliés. La paix de l'état n'a
„ pas fait ceſſer leurs entrepriſes, puiſqu'on les
„ voit chaque jour ſe porter aux mêmes excès. Ils

pour leur déclarer qu'ils ſe prennent pour époux (1). Aujourd'hui ils s'aſſemblent publiquement (2) ; on leur fait défenſe de bâtir de nouveaux temples ; ils répondent par des proteſtations de fidélité & d'obéiſſance ; & ils continuent à bâtir (3). Ils parloient autrefois tout bas ; aujourd'hui ils ſe font redouter des catholiques dans les cantons où ils ſont

,, ont même pouſſé les choſes dans certains diocè-
,, ſes juſqu'à élever des t_mples & s'y aſſembler
,, au même ſignal qui appelloit les catholiques
,, aux offices.

,, Dans d'autres, comme dans le diocèſe de Die,
,, ils ont pluſieurs fois interrompu le ſervice divin
,, par des bruits tumultueux & par des clameurs
,, indécentes ; & journellement leurs miniſtres, après
,, avoir adminiſtré le ſacrement de baptême & fait
,, des mariages, ont délivré des certiſicats, comme
,, s'ils étoient en droit de tenir des regiſtres pu-
,, blics & de décider de l'état des citoyens. " Plaintes de M. l'évêque de Meaux à l'aſſemblée de 1770, du 31 août. Voyez le procès verbal de cette aſſemblée, ſéance 169, p. 637.

(1) Ce n'eſt pas dans un ſeul diocèſe que les calviniſtes inſultent ainſi publiquement à la religion & à ſes miniſtres. Les curés d'Orléans, de Blois & de Chartres en ont porté leurs plaintes à la dernière aſſemblée du clergé en 1775.

(2) Les curés du diocèſe de Saintes ont repréſenté à la dernière aſſemblée, que l'on comptoit dans ce diocèſe près de quatre-vingt temples ou autres li ux d'aſſemblée des proteſtans.

(3) C'eſt la réponſe que les calviniſtes ont faite entr'autres dans le diocèſe de Saintes, où ils conſtruiſent actuellement de nouveaux temples.

les plus nombreux (1). En d'autres endroits ils établiffent des féminaires (2)
& des maîtres d'écoles pour propager la
fecte ; & ces maîtres d'écoles répondent
à la défenfe des évéques, qu'ils obéiront
à Dieu plutôt qu'aux hommes (3). Un
enfant qui veut embraffer la religion

(1) Bien des perfonnes, de qui on a voulu prendre des informations fur les excès que commettoient les fectaires dans le Languedoc & dans la
Guienne, quelque zélées qu'elles fuffent d'ailleurs,
fe font contentées de gémir fans vouloir s'expliquer ; d'autres ne l'ont fait qu'avec une réferve & des
précautions qui annoncent les périls qu'ils couroient
en fe faifant connoître ; & on verra tout-à-l'heure
que leur crainte n'eft pas fans fondement. Une perfonne à qui on a écrit, & qui par fa place devoit
être plus au-deffus de ces appréhenfions, a répondu
qu'elle n'ofoit ni parler ni écrire ce qui fe paffoit
à ce fujet pour ne pas fe compromettre avec une
fecte qui fe rendoit redoutable dans fon canton à
tous ceux qui avoient le courage de fe déclarer
contre elle.

(2) Les curés de Mende ont porté leurs plaintes
à la dernière affemblée de 1775, fur les maîtres d'é-
coles & les féminaires que les proteftans ont établis
dans ce diocèfe.

(3) C'eft ce qui a été répondu par un maître
d'école proteftant à un évêque refpectable du Languedoc lorfque le prélat faifoit fa vifite dans la paroiffe où ce maître d'école s'étoit établi. En vain
ce prélat lui a allégué les défenfes du prince, le
maître d'école a perfifté dans fa réfolution, en op-
pofant aux loix de l'état fa religion & fa confcience.
C'eft de la bouche même du prélat que je tiens
cette anecdote.

catholique éprouve les plus cruels traitemens de la part des parens ; il est dé-
paysé dans les Cévènes (1). Un protes-

(1) Un enfant de famille, calviniste, du diocèse
de Lodève, touché par un de ces coups singuliers
de la miséricorde divine, qui se manifeste quelquefois dans ce pays sur des ames qui ont été éle-
vées dans les préjugés du calvinisme, se déroboit
souvent d'auprès de ses parens, pour se rendre
furtivement dans la maison de son curé ou à ses instructions. Les parens s'en étant apperçus, l'acca-
blèrent de coups & d'injures, sans pouvoir vaincre
sa foi ; il continua à voir son curé ; & les mauvais
traitemens continuèrent. M. l'évêque de Lodève
étant en visite dans la paroisse, le curé lui présenta
son prosélyte. Le prélat le reçut avec charité, le
consola, l'encouragea, lui promit sa protection & le
recommanda au curé. Les parens désespérés, voulant priver leur enfant de ses ressources, formèrent
le dessein de le dépayser & de l'envoyer dans les
Cévènes. L'enfant prévenu s'échappa de la maison paternelle, & s'abandonnant à la Providence, il
alloit chercher un asyle auprès de son charitable
prélat, les parens s'appercevant de son évasion cou-
rurent après lui, le trouvèrent en chemin & le ra-
menèrent à coups de fouet. Le prélat instruit de
ce qui se passoit, accourut pour arracher sa brébis
d'entre les mains de ses bourreaux. Mais qu'elle
fut sa surprise, lorsqu'il rencontra l'enfant en chemin venir à lui & se jetter entre ses bras ? Le
pasteur les larmes aux yeux, lui demande comment
il a recouvré sa liberté ; l'enfant lui apprend que
ses parens craignant les suites de leurs violences,
avoient pris le parti de l'abandonner. Le prélat depuis ce temps lui a servi de père, l'a fait instruire,
a obtenu le consentement des parens pour le marier. Le père a même consenti à le recevoir chez

tant qui veut faire abjuration est exposé à la persécution de tous les autres protes-

---

lui, mais peu de temps après il l'a mis sur le pavé lui & sa femme, & M. l'évêque de Lodève a sollicité depuis peu une pension pour eux, sur les économats.

Une demoiselle protestante, du même diocèse, voulant embrasser la religion catholique, ses parens l'envoyèrent à Mende, pour la mettre dans l'impossibilité de se faire instruire ; mais Dieu veilia sur elle : M. l'évêque qui a toujours les yeux ouverts sur ses ouailles, eut recours à l'autorité, pour obliger les parens à rappeller leur fille ; & il la mit dans un couvent, où elle est morte en odeur de sainteté.

Un jeune homme du même diocèse, touché de la grace & confesseur de sa foi, avant que d'avoir abjuré publiquement son hérésie, s'évada de la maison paternelle pour se dérober aux mauvais traitemens de ses parens qui étoient calvinistes, & vint implorer le secours de M. l'évêque qui l'accueillit, à son ordinaire, avec une bonté vraiement paternelle. Le charitable prélat lui a payé sa pension pendant 7 à 8 ans dans un séminaire, il l'a ensuite ordonné prêtre ; & ce prêtre sert aujourd'hui avec édification dans ce diocèse.

M. l'évêque de Lodève trouvera peut-être mauvais que je le cite, sans avoir obtenu sa permission. Je lui en demande pardon d'avance : mais j'ai senti qu'il la refuseroit ; & j'ai mieux aimé blesser sa modestie, que de laisser sous le boisseau des œuvres qui honorent si fort l'épiscopat & la religion, & qui dans l'ordre de la Providence doivent être exposées au grand jour, *pour faire glorifier le Père céleste.*

tans(1). Un catholique qui apostasie pour avoir la liberté de se marier contre la volonté de ses parens, trouve toute la secte réunie, qui lui tend les bras pour se soustraire à la rigueur des loix (2). Une femme qui veut obliger son mari protestant à ratifier en face de l'église, conformément à leur convention, le mariage qu'ils ont contracté dans le désert, soulève tous les calvinistes du canton contr'elle. On la diffame dans des libel-

(1) On vint citer entr'autres exemples celui de la demoiselle Chalier au diocèse de Nismes. Cette demoiselle, auparavant diaconesse de la secte, s'étant convertie à la foi, s'est vue tout-à-coup en butte aux plus noires calomnies, & aux outrages d'un parti furieux, & d'autant plus hardi qu'il ne trouvoit point d'obstacles à ses excès. Pour se mettre à l'abri de la persécution, elle étoit entrée dans une communauté de filles; mais comme elle n'avoit point de fortune & que les protestans s'é-toient concertés entr'eux pour ne plus lui fournir de l'ouvrage, elle y seroit périe de misère, si des personnes charitables ne s'étoient cotisées pour fournir à ses besoins.

(2) J'en trouve encore un exemple dans le mê-me diocèse. La nommée Basset, du lieu de Pé-rignargues, s'étant mariée au désert, malgré ses pa-rens, ceux-ci en portèrent leurs plaintes & obtinrent un ordre du roi pour la faire enfermer dans une communauté de Nismes, appellée les Chassaines, ou filles de travail. Mais peu de temps après, elle a été enlevée & est retournée dans son village, sans que personne ait réclamé contre un pareil at-tentat.

les, on l'infulte publiquement, on la pourfuit en tumulte jufques dans la maifon du magiftrat, on menace de forcer les portes, on demande à grands cris cette malheureufe victime pour l'immoler à leur reffentiment. L'affaire d'un particulier va devenir une affaire d'état. Toute la ville en rumeur tremble de voir renouveller dans fon fein les horreurs des guerres civiles qui l'avoient autrefois défolées. Le magiftrat n'ofant employer la force, eft réduit à faire déguifer cette femme pour la faire évader pendant la nuit (1). Les curés qui portent des plain-

***

(1) J'ai appris ce fait de plufieurs témoins oculaires & très-dignes de foi. En voici le détail dont toute la ville de Nifmes a été témoin.

La demoifelle Roubel avoit d'abord été élevée dans la religion catholique jufqu'à l'âge de huit à neuf ans; fes parens l'avoient envoyée enfuite à Genève pour lui faire oublier les principes qu'elle avoit puifés dans l'églife romaine; mais ces principes étoient toujours reftés dans fon cœur. Revenue en France, elle fe maria avec le Sr. Roux, calvinifte; mais à une condition qui fut inférée dans le contrat; favoir, que le mariage feroit ratifié en face de l'églife, conformément aux loix de l'état. Quelque temps après, preffée par les remords de fa confcience, & ne pouvant déterminer fon époux à remplir cette condition, elle réfolut d'employer les voies de droit pour l'y obliger, & d'embraffer elle-même la religion catholique qu'elle avoit abandonnée dès fon jeune âge. Elle eut recours à un curé refpectable de Nifmes, lui fit part de fes difpofitions,

tes, pour obliger les protestans à faire

lui demanda à être instruite, & un asyle où elle pût se réfugier, ne voulant plus habiter avec son mari, parce qu'elle couroit risque de sa vie. Le curé s'attendrit sur la triste situation de la demoiselle Roubel. Des personnes pieuses voulurent bien par charité la recevoir dans leur maison, en attendant que M. l'évêque de Nismes, qui étoit alors absent, eût donné permission de la faire entrer chez les sœurs de l'école, qui sont établies pour l'instruction des nouvelles converties. Elle fit ensuite donner assignation à son mari pour l'obliger à recevoir la bénédiction nuptiale, conformément aux engagemens qu'il avoit pris. Le mari balança d'abord ; mais fortifié par les calvinistes, il osa soutenir un procès ; & il le fit avec toute la fureur qu'inspire le fanatisme ; noircissant en pleine audience, par des calomnies atroces, la réputation de la demoi-moiselle Roubel, dont la conduite avoit toujours été sans reproches. Les protestans accouroient en foule à l'audience, encourageant son avocat par des applaudissemens & hurlant au plaidoyer de l'avocat adverse : les catholiques qui étoient présens, n'osoient pas ouvrir la bouche ; les juges eux-mêmes trembloient sur leurs sièges. Lorsque la demoi-selle Roubel alloit voir son avocat ou ses juges, les calvinistes la poursuivoient, en lui jettant des pierres, en l'accablant d'imprécations & d'outrages. Ils la suivirent une fois en tumulte & avec des huées & des menaces jusques chez le juge Mage ; ils voulurent entrer de force dans la maison, jettant des pierres & demandant à grands cris qu'on leur livrât la demoiselle Roubel pour l'immoler à leur ressentiment. Le juge Mage fit fermer les portes ; & après avoir retenu la demoiselle Roubel quelque temps enfermée, il la fit évader pendant la nuit sous l'habit de l'une des sœurs grises qui l'avoit accompagnée. Enfin pour la dérober à la perſécution, elle a été transférée par ordre du roi à Vienne dans un couvent où elle édifie par ſes vertus, & où l'illuſtre prélat de ce diocèſe tâche d'adoucir par ſes bontés l'amertume de ſes diſgraces. Les proteſtans ne pouvant plus l'attaquer dans ſa perſonne, l'ont attaquée dans ſa réputation. Ils ont eu la malignité de publier qu'elle avoit été enlevée pour être enfermée dans une maiſon de force, à cauſe de ſa mauvaiſe conduite. Mais ce qui affligeoit davantage la demoiſelle Roubel, étoit le ſort de ſes enfans : elle obtint un ordre du roi pour avoir ſes deux filles auprès d'elle. On éluda cet ordre ſous différens prétextes; & il ſeroit reſté ſans effet ſi des catholiques zélés n'avoient écrit en cour pour en demander l'exécution.

Pendant qu'on pourſuivoit l'affaire de la demoiſelle Roubel, la fureur des proteſtans & les troubles qu'ils excitoient dans Niſmes, firent craindre un ſoulevement de leur part. On ſe ſouvenoit encore des cruelles ſcènes dont cette même ville avoit été autrefois le théatre. Comme on s'entretenoit à Niſmes dans une maiſon à ce ſujet, il ſe trouvoit là un des chefs de la ſecte & le provincial des auguſtins. Le calviniſte étoit auparavant intimement lié avec ce provincial; il l'invitoit ſouvent à ſa table avec ſes religieux; il alloit ſouvent manger lui-même à leur couvent; il diſoit publiquement qu'il n'avoit point de meilleurs amis, & que n'ayant point d'enfant, il vouloit les inſtituer ſes héritiers. Le provincial des auguſtins s'adreſſant donc dans cette aſſemblée au proteſtant : Mon cher ami, lui dit-il, s'il arrivoit une révolte, nous craindrions d'être égorgés; mais j'eſpère bien que vous nous ſauveriez. *Moi ? point du tout*, répondit froidement le proteſtant. Quoi? point du tout.... *Oui, mon révérend père, point du tout, & très-ſérieuſement*.... Mais comment, monſieur? vous..... *Non, non, vous dis-je;* & allongeant ſa phraſe, *mon père.*

père, continua-t-il, je vous ſuis attaché & à vous
& à vôtre communauté. Tout ce que j'ai eſt à vous,
& je regarde votre couvent comme ma maiſon ; mais
en matière de religion, je ne connois plus d'amis :
& ſi les proteſtans ſe révoltoient, vous ſeriez les
premiers que j'égorgerois. On ſe doute bien que le
révérend père provincial ne ſe ſoucia plus de cul-
tiver l'amitié d'un pareil convive. J'ai appris ce
fait d'une perſonne digne de foi & qui étoit alors
préſente à la converſation.

On ſera peut-être ſurpris que l'homme puiſſe
s'aveugler au point de croire ſervir, par tant d'a-
trocités, une religion qui ne reſpire que la douceur,
la charité & le reſpect pour les puiſſances ; mais
c'eſt que la religion n'eſt jamais qu'un prétexte
chez les ſectaires, & que l'eſprit de parti, comme
on l'a déja vu, eſt toujours le premier mobile de
leur prétendu zèle. Feu M. de Fontanges qui eſt
mort évêque de Lavaür, racontoit à un prélat qui
me l'a rapporté, l'anecdote ſuivante : Il lui diſoit
qu'une demoiſelle de ſon dioceſe voulant embraſſer
la religion catholique, il fut obligé, pour la ſouſ-
traire aux mauvais traitemens de ſa famille, de la
mettre dans un couvent, où il paya ſa penſion ;
là, après avoir été inſtruite, elle fit ſon abjuration,
malgré les opérations du père qui ſe livra alors à
toutes les fureurs de l'emportement. Cependant il
parut ſe radoucir dans la ſuite & vint demander à
M. de Lavaur la conſolation d'avoir ſa fille auprès
de lui, promettant de lui laiſſer toute liberté pour
ſa religion. M. de Lavaur crut ne devoir point ſe
refuſer à des ſentimens qui paroiſſoient ſi naturels.
Il détermina la demoiſelle à rentrer dans la maiſon
paternelle, en la raſſurant par les promeſſes qu'on
lui avoit faites ; & trois jours après, cette fille fut
trouvée noyée dans un puits de la maiſon.

Le même prélat qui m'a rapporté ce fait, m'a
ajouté que dans ſon dioceſe, un jeune homme ayant
fait abjuration, les calviniſtes en furent ſi irrités,

L

baptiser leurs enfans dans les paroisses (1),
excitent leur fureur, leurs ministres forment le barbare complot d'assassiner quarante curés dans un même jour, ils en
font la liste, & commencent l'exécution
sur deux d'entr'eux qui meurent de leurs
blessures (2). Une pareille conjuration

qu'une femme de leur secte protesta *qu'elle ne mour-*
roit pas contente qu'elle n'eût trempé ses mains dans
le sang de ce prétendu apostat.

. (1) Plusieurs ministres baptisoient seulement au
nom de la sainte Trinité.

. (2) En 1752 le gouvernement, sur les plaintes
des évêques du Languedoc, ordonna que les enfans des protestans seroient portés aux églises de
leurs paroisses, pour y être rebaptisés sous condition, parce qu'on avoit lieu de douter de la vali-
dité de leur baptême. Les protestans qui habitoient
le plat-pays obéirent; mais leurs ministres forcé-
nés s'assemblèrent le 10 août de cette même année
à la foire de Ledignan, où ils arrêtèrent d'assassiner
40 prêtres, *à titre de vengeance de ce qu'on obligeoit*
les protestans à faire rebaptiser leurs enfans. La
liste des proscrits fut faite; & elle commença par
le curé de Ners de la manière que je vais rapporter.

Le 12 d'août, Coste, ministre protestant, fils
d'un menuisier & marié à Ners, revenoit de Ledignan
avec un garçon serrurier, protestant, armés chacun
d'un fusil; Antoine Roussel, prieur-curé de Ners,
alloit ce même jour à Vezenoble; il rencontra sur
les onze heures du matin ce ministre protestant, à
cinquante pas du lieu de Ners, sur le grand chemin de Nismes à Alais, il reconnut le ministre
Coste, & quand ils furent passés, la curiosité de re-
connoître le second le porta à tourner la tête. Dans

éclate en même temps dans le diocèse

ce moment Coste lui tira un coup de fusil qui devoit porter au milieu du corps; mais le changement
de position du sieur Roussel fit que le coup ne
porta que sur les côtés, sans entrer dans la capa-
cité. Le sieur Roussel fut renversé du coup, mais
il n'étoit pas mort; le protestant serrurier tira deux
fois son fusil qui rata; alors il s'élança sur le sieur
Roussel qui étoit par terre, il lui donna un coup
de bourrade qui lui coupa la joue & lui cassa deux
dents, il lui donna un second coup sur la tête
qui lui enleva le péricrane. On accourut au secours, les deux assassins s'enfuirent; un chirurgien
protestant fut appellé. Il n'y en avoit pas d'autres
dans le voisinage pour panser le sieur Roussel. Mais
au lieu de guérir la blessure du péricrane par la
suppuration, il fit une future qui fut funeste au
sieur Roussel; puisqu'il est mort de cette blessure
dans le mois de mai suivant à Paris, où il s'étoit
rendu pour se faire guérir. M. Boyer, médecin du
roi, qui visita le sieur Roussel pendant la maladie,
en donna son attestation, elle fut remise au bureau
de M. le comte de Saint-Florentin.

Le sieur Roussel a été enterré dans le caveau
des prêtres de St. Sulpice.

Dans la nuit du 12 au 13 du même mois d'août,
le curé de Cannes au diocèse d'Usez, fut appellé
sous prétexte d'un malade, & comme il parut à la
fenêtre, on lui tira deux coups de fusil qui le
blessèrent grièvement : il se fit porter à Sommiè-
res, où il décéda quelque temps après de ses blessures. Le roi fit payer les frais de sa maladie. Les
autres curés, instruits du massacre de deux de leurs
confrères & sachant qu'ils étoient dans la liste des
proscrits, prirent leurs précautions pour se garantir
du malheur qui les menaçoit.

M. de Chazel, procureur du roi en la sénéchauf-
fée de Nismes, instruit de l'assassinat du sieur Rous-

d'Agen (1). Enfin, monfieur, plufieurs

fel, porta fa plainte & fe rendit avec M. Lecomte, confeiller en cette fénéchauffée, au lieu de Ners le 15 août; il fut procédé à des informations qui établiffent la vérité des faits tels qu'on vient de les rapporter. La contumace étant inftruite, Cofte & le ferrurier furent condamnés à être rompus vifs, leurs corps brûlés & les cendres jettées au vent; la fentence fut exécutée par effigie. Cofte exiftoit cependant dans le pays; les proteftans craignant pour lui, le firent conduire au port de Cette, où il fut embarqué fur un vaiffeau hollandois. Il eft mort depuïs en Hollande; on ignore le fort du ferrurier.

(1) Dans ce même temps & pour le même fujet, on vit une fcène prefque auffi tragique au diocèfe d'Agen. Les proteftans de Sainte-Foi irrités de ce que M. l'Eglife, un des curés du diocèfe, vouloit les obliger à porter leurs enfans à la paroiffe pour y être baptifés, réfolurent de l'affaffiner avec deux autres curés de fon voifinage; & foit que ce fut par une conjuration particulière ou enfuite de la conjuration générale qui s'étoit formée à Ledignan, ils s'affemblèrent un foir au nombre de deux ou trois cents dans une grange, & delà ils envoyèrent vers le minuit plufieurs d'entre eux chez M. l'Eglife, fous prétexte de le demander pour un malade qui fe mouroit. Ceux-ci frappent rudement à la porte du curé; la fervante fe préfente, & appercevant des gens armés, elle s'effraie, crie de toutes fes forces au curé qu'on vient l'affaffiner; le curé épouvanté fe fauve par une fenêtre dans la maifon d'une pauvre femme; on fonne le tocfin, & les affaffins s'enfuient. M. le procureur général du parlement de Bordeaux averti de ce qui s'étoit paffé, en porta fa plainte; & après l'information prife, il intervint arrêt qui condamna trois prédicans à être pendus, & ils l'ont été en effigie.

tribunaux du royaume pour adoucir la rigueur des loix présument le mariage des protestans légitime, à moins qu'on ne fournisse la preuve contraire. Au moyen de cette jurisprudence, les enfans recueillent sans contradiction, la succession de leurs parens. Mais cette tolérance de fait ne leur suffit plus: ils prétendent obtenir une tolérance de droit, en faisant autoriser par les magistrats, les actes de leurs mariages (1) Voilà encore une

---

Je tiens ces deux anecdotes de personnes en place, & qui alors étoient sur les lieux ou à portée.

Qu'on remarque ici en passant comment la conscience des protestans, qui n'a point d'autre règle de ses devoirs que les saintes écritures interprêtées suivant leur inspiration particulière, se plie à leur gré selon leurs caprices. Avant la guerre de 1742, comme ils étoient observés de près, ile portoient leurs enfans aux paroisses pour y être baptisés, & ils le font encore aujourd'hui dans les endroits où on veille à l'exécution des ordonnances, & où ils ne font pas en affez grand nombre pour se faire redouter. Les ministres décident alors qu'ils le peuvent sans blesser leur conscience. Mais ailleurs la conscience des ministres leur dit d'affassiner les curés plutôt que d'obéir.

(1) On a de ce fait une preuve toute récente : Marie Ponce, quoique élevée dans la religion catholique, avoit épousé, dans un âge affez avancé, Alexandre Ponce, ministre protestant en Languedoc, & est décédée sans enfans, après avoir institué ce dernier son légataire universel. Celui-ci s'étant présenté pour recueillir la succession, Jean-Jacques Ponce, frère de la défunte, a formé op-

fois, comment les calviniftes vivent en paix, ou pour mieux dire comment ils deviennent toujours plus hardis, à mefure qu'on diflimule leurs entreprifes (I).

pofition, allégnant que le mariage de fa fœur avec Alexandre Ponce, n'ayant point été célébré en face de l'églife, il ne devoit être regardé que comme un concubinage ; & que, felon les loix, ceux qui vivoient en concubinage ne pouvoient fe faire de donation mutuelle par mort. Le miniftre proteflant auroit pu oppofer la jurifprudence établie, fuivant laquelle les mariages font préfumés légitimes, lorfqu'on ne produit pas la preuve contraire ; mais il a eu affez de confiance dans le crédit de fa fecte pour ofer préfenter lui-même l'acte de fon mariage, efpérant de rendre un fervice effentiel aux calviniftes, s'il pouvoit parvenir à faire approuver de pareils actes par les tribunaux. Auffi a-t-il été fervi à fon tour avec beaucoup de zèle par tous les proteftans. Ils ont regardé fa caufe comme leur caufe commune ; ils ont follicité ; ils ont répandu les mémoires du miniftre par-tout le Languedoc. La fucceffion de Marie Ponce a été adjugée en effet au miniftre par arrêt rendu par le parlement de Bordeaux le 2 avril 1776 ; mais cet arrêt a été caffé au confeil du roi par autre arrêt du 25 octobre de la même année.

(I) On a même voulu engager les curés à ne recevoir les enfans des calviniftes qui demandoient à faire abjuration, qu'après en avoir prévenu les parens, qui ne manquent jamais de détourner leurs enfans lorfqu'ils font prévenus ; & qui n'y réuffiffent malheureufement que trop, foit en les flattant, foit en les maltraitant, ou en les dépayfant. Mais une pareille lâcheté de la part d'un pafteur, qui, au lieu de donner afyle à la brebis qui vient fe jetter entre fes bras, appelleroit le loup pour la dé-

Que demandez-vous à présent pour eux, monsieur ? la liberté de leurs mariages. C'est là du moins le seul objet que présente le titre de votre dialogue. Pour exciter notre commisération, vous exposez à vos yeux le désespoir d'un million de familles protestantes qui vivent sans existence dans l'état, une multitude d'enfans privés de la succession de leurs pères par des collatéraux avides, & condamnés à traîner le reste de leurs jours dans l'indigence & dans l'opprobre.

Un tableau si touchant ne peut manquer d'attendrir des ames honnêtes, & c'est aussi sur ce point que tous les apologistes des protestans insistent comme vous. Mais que cet attendrissement se changeroit bientôt en une juste indignation contre les apologistes eux-mêmes, si, en portant plus loin ses regards, on s'appercevoit qu'ils ne veulent nous intéresser au sort de malheureux imaginaires que pour nous cacher les précipices où ils veulent nous conduire. Qu'on interroge en effet les différens tribunaux du royaume sur le nombre de ces prétendus malheureux, & on se convaincra qu'il n'y en a pas peut-être un seul dans

---

vorer, seroit une prévarication trop horrible pour croire qu'elle puisse jamais se réaliser & que les évêques la laissassent impunie.

L iv

le cours de l'année, à qui les collatéraux contestent la succession de leurs parens; qu'il n'en est aucun à qui le vice de leur naissance imprime une tâche d'infamie dans l'ordre civil. Voilà donc, monsieur, à quoi se réduit dans le fait, la barbarie de ces loix tyranniques qui frappent selon vous sur trois millions de fidèles sujets; ainsi pour assurer la succession paternelle à un infiniment petit nombre de citoyens, vous voudriez exposer la nation entière à toutes les horreurs des guerres civiles pour la révocation des loix qui assurent la tranquillité publique. Et vous appellez cela, monsieur, commisération?

Mais, direz-vous peut-être, puisque les loix qui réprouvent les mariages des protestans, se trouvent en contradiction avec la jurisprudence des tribunaux qui leur attribue les effets civils, pourquoi ne pas abolir ces loix elles-mêmes?

Cette raison est spécieuse, je l'avoue; & je vous ai dit, monsieur, que les vœux de mon cœur seront toujours pour des enfans malheureux tant que leur avantage pourra se concilier avec le bien de l'état; je desirerois même que les loix adoucissent leur fort en leur conservant une portion du patrimoine de leurs pères. Ici j'irai plus loin encore, & je vais vous faire une proposition qui

doit détromper ceux que vous avez surpris par une fausse commisération en leur
montrant les vues ultérieures que vous
n'osez faire connoître. Quelle est donc
cette proposition ? la voici :

Vous nous assurez que les protestans
font des citoyens fidèles & soumis, &
vous ne demandez pour eux dans le moment que la légalité civile de leurs mariages. Eh bien, monsieur, qu'ils commencent par obéir aux loix en renvoyant
leurs ministres, en détruisant leurs temples, en faisant casser leurs assemblées
de religion ; que le prince l'exige avant de
donner la sanction civile à leurs mariages,
comme un gage de leur soumission, & qu'il
fasse exécuter les autres dispositions de ses
édits avec la dernière exactitude. Je
vous le demande, monsieur, croiriez-
vous que les protestans voulussent accepter à ces conditions la liberté de
leurs mariages ? le croiriez-vous, vous
qui nous assurez que *tous les rois de
la terre se réuniroient en vain* contre
les protestans *pour vaincre le cri de leur
conscience vraie ou fausse* (1) ; vous
qui enseignez comme les autres apologistes, qu'on ne peut accorder l'existence
légale aux protestans fans leur accorder

____

(1) Dial. p. 72.

la liberté d'un culte religieux, fans leur permettre les affemblées de religion, fans leur donner des miniftres? Voilà donc, meffieurs, où vous voulez nous conduire, lorfque vous nous parlez d'humanité ?

Ainfi, meffieurs, pour faire ceffer la prétendue oppreffion que ne prouvera pas peut-être un feul proteftant dans le cours d'une année, le prince doit, felon vous, permettre les mariages des proteftans, il doit leur permettre les affemblées de religion, il doit permettre l'exercice des fonctions facrées à leurs miniftres, vous ne dites rien de plus; mais eft-ce là tout? non fans doute. Car le grand principe fur lequel vous appuyez vos raifonnemens, va nous mener à toutes les prétentions qu'ont formé autrefois les proteftans. Vous enfeignez que le fouverain ne doit pas gêner les confciences vraies ou fauffes. Par conféquent, on ne doit point les empêcher de catéchifer, de difputer, d'intriguer, de féduire; on ne doit pas les empêcher de répandre des libelles contre la religion catholique & contre l'autorité de fes miniftres, afin de propager leur religion & d'étendre ce qu'ils appellent le royaume de Dieu ; mais dès-lors les mauvais catholiques qui fe font déja affranchis des pratiques gênantes de l'église romaine, passeront naturellement dans une religion qui les en dispense ; dès-lors une foule d'impies toujours ennemis de l'église catholique, parce qu'ils sont toujours ennemis de l'autorité, se rangera du parti des sectaires ; tous diront qu'ils suivent les mouvemens de leur conscience. Que leur répondrez-vous ? C'est par ce moyen que la secte a pris des accroissemens si rapides dans tous les pays où elle s'est introduite. Et alors la multitude des apostats effacera jusqu'à la honte de l'apostasie. Alors les protestans prétendront aux charges publiques comme citoyens ; alors ils se plaindront de la partialité des juges, & demanderont comme autrefois des chambres mi-parties. Alors il y aura comme deux peuples rivaux dans le sein du royaume. Les calvinistes n'étant point dominans, chercheront à s'agrandir & crieront à l'oppression ; les catholiques qui voudront conserver leur supériorité, se plaindront d'être troublés ; les contestations particulières deviendront des affaires de parti & la source de séditions continuelles. Il ne faut qu'une querelle personnelle (1) pour allumer les

---

(1) Querelle de Vassi entre les protestans & les domestiques du duc de Guise.

L vj

guerres civiles qui ont défolé la France. On vient de le voir (1) qu'un démêlé particulier fut fur le point dans ces derniers temps d'exciter une fédition dans la ville de Nifmes. Que fera le prince dans ces circonftances ? publiera-t-il des édits ? mais ces édits feront-ils refpectés par les proteftans qui ne les refpectent pas même aujourd'hui, & contre lefquels tous les rois de la terre fe réuniroient en vain pour vaincre le cri de leur confcience vraie ou fauffe ?

Le prince emploiera-t-il la force pour les réprimer ? mais en déployant toutes fes forces, le prince fera-t-il affez puiffant pour contenir une fecte qui fe fera multipliée par le retour d'une multitude de calviniftes, & par une foule d'apoftats ? une fecte enhardie par le nombre, animée par fes prétendus prophètes ; une fecte dont *la réfiftance aux édits augmentera, felon vous, à proportion de leur rigueur* (2)*, & contre laquelle tous les rois de la terre fe réuniroient en vain pour vaincre le cri de leur confcience vraie ou fauffe, qui lui ordonne d'obéir plutôt à Dieu qu'aux hommes* (3). Et fi dans les circonftances cri-

___

(1) Voyez ci-devant page 238 & fuiv.
(2) Dialog. page 56.
(3) Ibid. page 72.

tiques que nos pères ont vu plus d'une fois, circonstances que les révolutions des temps amènent tôt ou tard dans les empires les plus florissans, où la cour sera agitée par les factions des grands, l'autorité partagée sous la minorité des rois, l'état affoibli par ses pertes, attaqué au dehors par des ennemis puissans, les provinces divisées, les finances épuisées, le peuple mécontent; si dans ces circonstances malheureuses, que les protestans n'ont jamais manqué de saisir pour essayer de renverser la monarchie ébranlée, ils excitent encore des séditions, s'ils prennent les armes, s'ils s'emparent des deniers publics & des places fortes, s'ils engagent les mécontens dans leur parti, s'ils se liguent avec les ennemis du dehors, s'ils les introduisent dans le sein du royaume ; (prenez garde, monsieur, que ce n'est pas ici une simple supposition que je fais, mais une histoire que je raconte) dans ces circonstances, dis-je, quelle ressource pour le prince, pour les citoyens, pour la monarchie ?

Ces réflexions sont puisées non-seulement dans le tableau de nos annales, mais encore dans la nature même des choses. Car il est dans la nature du cœur humain de vouloir toujours s'agrandir; il est dans la nature de l'esprit d'indépendance de se révolter contre toute autorité qui le gêne ; dans la nature de l'ambition, qui est toujours l'ame des chefs du parti, de former toujours de nouvelles prétentions, & de ne se reposer jamais ; dans la nature du fanatisme de se livrer à tous les excès après avoir violé les loix les plus sacrées ; d'où il suit que les protestans, placés dans la même position, doivent se porter aux mêmes excès. Vous vous alarmez, monsieur, de ma prédiction ; & moi je frémis quand je pense qu'il ne faut aujourd'hui qu'un seul trait de plume pour nous plonger dans nos premiers malheurs, & qu'il faudroit répandre bien du sang pour les faire cesser.

Telles sont, monsieur, les suites naturelles de la révocation des loix qui réprouvent les mariages des protestans. Il faut donc les laisser subsister, puisqu'elles assurent la tranquillité publique ; s'il y a une contradiction réelle entre les loix & la jurisprudence, & s'il est indispenpensable de les concilier, il faut donc réformer la jurisprudence & conserver les loix.

Eh n'allez pas, messieurs les apologistes, nous faire prendre le change en vous rejettant sur des accessoires qui n'intéressent essentiellement ni la nation

ni la monarchie. Ne nous dites point que
l'émigration des protestans a diminué la
population , & transporté les arts & les
manufactures chez l'étranger. Je vous
dirois que le royaume est aujourd'hui
plus peuplé qu'il ne l'étoit au temps de
la révolution de l'édit de Nantes , que
l'industrie & les arts y ont acquis beaucoup plus d'activité, témoin le luxe qui
règne dans nos villes; parce que c'est
du sein de l'abondance & de la paix que
naissent la population & les arts. Je vous
dirois que, quand même la France auroit fait quelque perte, cette perte beaucoup moindre qu'on n'affecte de le publier (1), seroit abondamment réparée
par tous les avantages qu'elle nous a pro-
curés. Je vous dirois que, quand même
l'émigration des calvinistes auroit fait
passer les manufactures chez l'étranger,
leur retour ne les lui enleveroit point ;
que les calvinistes étant des citoyens
inquiets & dangereux, non - seulement
ils ne formoient plus de véritable puis-

______

(1) Il a été prouvé par un calcul aussi exact
qu'il étoit possible, que les calvinistes expatriés à
l'occasion de l'édit de Nantes, n'alloit pas au delà
de 50 mille, que les richesses exportées ne pourroient être évaluées au delà de 250 mille livres,
ni la diminution dans les troupes au delà de 1250
combattans. Voyez la rép. à un patriote ; édit. in-
8vo. p. 75, 94, 145.

fance pour l'état, mais encore ils en diminuoit les forces, parce qu'il falloit leur opposer toujours une armée d'observation dans les temps difficiles, d'où il suit que leur émigration bien loin d'affoiblir la monarchie, en a augmenté la puissance. Je vous dirois que la liberté de religion ne rappelleroit jamais en France qu'une très-petite partie de ceux qui ont formé des établissemens, ou qui ont fait des acquisitions dans les pays étrangers ; que les mêmes raisons de politique qui nous feroient desirer leur retour, engageroient les autres gouvernemens à s'y opposer ; en sorte que la population augmenteroit seulement d'une foule de citoyens inquiets ou sans fortune, toujours à charge, & souvent encore plus dangereuse pour l'Etat. Je vous dirois enfin.... mais pourquoi insister sur tous ces calculs d'une politique plus superficielle que profonde ? Supposons que les protestans du royaume soient aussi nombreux que vous le publiez ; supposons encore que tous les protestans expatriés reviendront en France jouir de leur liberté : je dis que plus la secte sera nombreuse, plus aussi elle sera redoutable, plus elle sera entreprenante & audacieuse, plus il sera difficile de la contenir, plus les troubles qu'elle excitera deviendront funestes, les secousses violentes, & le mal incurable. Si les calvinistes sont attachés à leur religion, ils seront fanatiques ; s'ils sont indifférens, ils seront mauvais citoyens ; & tenant cependant toujours à leur secte par esprit de parti, toujours ennemis des catholiques par fanatisme, ils seront encore plus dangereux n'ayant plus de frein. Or dans ces temps de crise dont je viens de parler, que deviendront toutes vos belles spéculations, sur la population, sur le commerce, sur l'industrie ? Les guerres civiles qu'ils ont allumées dans le royaume ont fait périr plus de citoyens qu'il n'en perdroit par leur émigration ; plus dévasté de provinces qu'ils ne peupléroient de villes. Que de maux n'auroit-on pas prévenu si dès leur naissance ont eût pris des moyens efficaces pour les réduire au silence. Que de maux n'auriez-vous pas à vous reprocher vous-même, monsieur, si, raisonnant alors comme aujourd'hui, vous aviez obtenu pour eux la liberté de religion que vous demandez ? Cette seule réflexion auroit dû suffire pour vous faire tomber la plume des mains.

Il faut donc en revenir toujours à ce principe, qu'une sage politique doit avant tout poser la base du gouvernement sur la concorde des citoyens, &

la subordination des citoyens, puisque sans elle il n'est plus de société. Il n'est pas nécessaire pour la gloire d'un monarque & le bonheur des sujets, de commander à un peuple nombreux, mais à une nation religieuse, soumise, & tranquille sous la protection des loix. Les petits états s'agrandissent par la concorde; les plus grands empires périssent quand ils sont divisés (1); leur grandeur même hâte alors leur ruine, parce que la réunion devient impossible.

Nos pères ont vu plus d'une fois ces temps orageux, où l'événement d'un combat alloit décider du sort de la religion & de la monarchie: il ne falloit, comme je l'ai déja observé, que la perte d'une seule bataille pour ruiner l'une & l'autre. Le ciel nous a protégé, tandis que l'orage renversoit autour de nous les trônes & les autels; mais c'étoit dans un temps où la foi profondément gravée dans le cœur des catholiques, leur inspiroit une force proportionnée au danger qui les menaçoit. Le ciel nous protégera-t-il aujourd'hui, que l'impiété, malgré le frein que les loix lui opposent, marche tête levée, répand ses ténèbres sur la face de la terre, sappe

____

(1) *Concordiâ parvæ res crescunt, discordiâ maxima dilabuntur.* Salust.

tous les principes du gouvernement, étouffe dans une partie de la nation le respect qu'elle doit à la religion, & la fidélité qu'elle a vouée à ses maîtres, & éteint presque par-tout le zèle & la charité par un système universel d'indifférence?

On nous dit que les catholiques ont eu des torts; j'en conviens, mais parce qu'ils ont été provoqués, qu'on a voulu, pour ainsi dire, s'introduire dans leurs domaines, changer la religion de leurs pères & les principes constitutifs de leur gouvernement. Ils ont eu des torts, mais jamais ils ne se sont portés à tant d'excès : mais c'étoit en combattant sous l'autorité du prince & pour le salut de la patrie. Ils ont eu des torts, mais ces torts n'étoient ni dans l'intention du prince qui leur avoit mis les armes à la main, ni dans l'intention des loix qui punissoient les crimes. Ils ont eu des torts; oui, monsieur, & j'ajoute qu'ils en auront toujours dans des temps aussi difficiles, parce qu'il est impossible que le courage soit toujours contenu dans les bornes du devoir; parce qu'il est impossible que des courtisans adroits & ambitieux ne profitent pas des divisions pour augmenter leur crédit en faisant soulever une partie de la nation, ou en fe rangeant du parti des fectaires. Mais que conclure delà ? c'eft que le mal en fera encore plus grand, & qu'il eft par conféquent d'une néceffité encore plus indifpenfable de le prévenir.

Les calviniftes protefteront fans doute aujourd'hui de leur fidélité ; & la probité de plufieurs répondoit affez de leurs difpofitions perfonnelles. Hélas ! je voudrois les croire tous innocens : ils ne font déja que trop malheureux. Mais diftinguons les difpofitions de quelques particuliers, de l'efprit général de la fecte, qui s'étant manifefté dans tous les temps felon les circonftances, tel qu'il eft par fa nature, ne nous annonce déja que trop ce qu'il fera toujours.

N'y eût-il même que le danger de voir revivre nos premiers malheurs ; le danger feul ne devroit-il pas nous effrayer ? fera-t-il tenu de les prévenir lorfqu'ils feront arrivés ? fommes-nous las de la paix dont nous jouiffons ? que rifquons-nous à maintenir des loix qui nous l'ont procurée, & qui fans verfer le fang, fans faire violence à la confcience des proteftans, les ramènent infenfiblement à l'unité de l'églife ? Comparez les avantages que vous nous promettez avec les maux que nous aurions à craindre, & dites-nous, je vous prie, quel eft le

monarque qui sur un pareil espoir voulût courir de si grands risques ? quel
est le citoyen qui n'en fut effrayé ? (& ce
qui est plus décisif encore) quel est l'ennemi de l'état qui ne s'en réjouît ?

Oui, monsieur, est-il un seul qui ne
s'en réjouît. Nous avons aux portes du
royaume une nation rivale qui s'est toujours fait une cruelle politique de fo-
menter les troubles des protestans en
France ; qui leur a fourni de l'argent,
des troupes, des vaisseaux, afin de profiter de nos divisions. Croyez-vous que
cette même nation connût aujourd'hui
assez mal ses intérêts pour épargner les
trésors qu'elle lui a prodigués autrefois (1). S'il falloit acheter pour eux à

---

(1) Depuis quelque temps, de prétendus politiques, tout occupés de la réforme des états, pro-
posent deux moyens pour rétablir les finances. Le
premier est d'accorder à prix d'argent le libre exercice de la religion protestante. Le second, de s'emparer des biens du clergé : moyens aussi ruineux
pour le gouvernement, qu'injurieux à la piété de
notre monarque.

Je viens de le montrer quant au premier moyen.
On se souvient que sous le règne précédent, quelqu'urgens que fussent les besoins de l'état, le prince
refusa avec indignation les offres que faisoient les
protestans de plusieurs millions pour obtenir la liberté de religion. Plus la somme étoit exorbitante,
plus il étoit évident qu'elle ne pouvoit être four-
nie que par les cours étrangères; & ces cours de-

prix d'argent la liberté qu'ils sollicitent,
& s'assurer par-là d'un peuple d'alliés d'au-

---

voient naturellement y trouver un intérêt propor-
tionné en jettant des semences de division dans un
royaume dont elles avoient toujours envié la prospérité, & en s'assurant dans le cœur même de la
France, d'un peuple d'alliés, qui leur seroit d'autant plus dévoué, qu'il leur devroit son existence.
Mais plus ces nations avoient d'intérêt au rétablissement de la religion protestante, plus la France,
par la raison contraire, avoit de raisons de s'y
opposer.

Quant à l'invasion des biens ecclésiastiques, peut-
on la proposer sans insulter au prince, aux loix,
à la patrie & à ses concitoyens ?

Car 1°. est-ce respecter le prince que de lui conseiller de dépouiller l'église de ses biens ? Les
princes chrétiens l'ont souvent honorée par des
pieuses libéralités. Mais qu'on cite un seul prince
religieux, même dans le paganisme, qui se soit
enrichi des dépouilles de l'autel; & on voudroit
qu'un roi très-chrétien en donnât le premier exemple à l'univers ?

2°. Est-ce respecter les loix que d'inviter le prince
à violer une des loix fondamentales de tout genre
de gouvernement, & qui tient le plus essentiellement à la loi naturelle, à l'ordre public & à la
sûreté des peuples, je veux dire la loi de propriété ?
Or le clergé est un corps de la société civile qui
a ses biens, ses prérogatives & ses charges ; &
parce que ce corps est le premier corps de l'état,
parce qu'il tient par sa nature à la constitution
de l'état, parce que ses domaines sont consacrés au
culte de la religion, à l'entretien de ses ministres,
au soulagement des pauvres, il seroit permis de les
lui enlever & de violer à son égard une loi qui
seroit inviolable à l'égard des autres citoyens ?

ant plus fidèles qu'ils tiendroient d'elle
eur exiſtence , & d'autant plus redouta-

3º. Eſt-ce reſpecter ſa patrie que d'oſer dire au
prince : Tous les biens de vos ſujets ſont à vous.
Au lieu de répartir les charges de l'état ſur tous les
citoyens à proportion de leurs facultés , ſaiſiſſez
es domaines des corps ou des riches particuliers.
Car s'il peut s'emparer des biens du clergé , pourquoi ne pourra-t-il pas s'emparer des biens des autres corps & des autres citoyens ; & alors ce ſera
le deſpotiſme mis en maxime & en pratique ? On
ſe plaint de l'abus des biens eccléſiaſtiques ; mais
parce qu'un propriétaire abuſe de ſes biens , ſera-
t-il permis de l'en dépouiller , ſur-tout lorſque le
prince a le remède entre ſes mains en inſtruiſant
ſa religion ſur le mérite de ceux qui ſollicitent ſes
graces ? On ſe plaint de l'abus ; mais qui ſont ceux
qui s'en plaignent avec plus d'aigreur & plus d'in-
décence ? Tel peut-être qui , après avoir déclamé
dans un cercle ſur cet article , ira au ſortir delà
demander une abbaye pour un ſujet très-médiocre
& ſouvent pire , ſans autre titre pour l'obtenir que
la naiſſance de ſon protégé ou le ſervice de ſes
aïeux : & qui ſe fâchera tout de bon contre le
diſpenſateur des graces , s'il eſt refuſé à cauſe de
l'indignité de la perſonne pour laquelle on ſollicite. On allègue encore pour prétexte le ſoulage-
ment de l'état. Mais un ſage père de famille prend
des arrangemens économiques , afin de pourvoir aux
beſoins de ſes enfans , au lieu d'aliéner ſes domaines , pour ſe procurer une aiſance paſſagère , qui le
ruineroit pour toujours.
Qu'arriveroit-il en effet ſi le roi s'emparoit des
biens du clergé ? ces biens deviendroient en grande
partie la proie d'adminiſtrateurs avides , qui non-
obſtant l'attention du gouvernement , trouveroient
le moyen de les divertir , de ſe les approprier ,

bles qu'ils exifteroient au milieu de nous ; or le vœu des ennemis de l'état doit-il être le vœu d'un vrai patriote ?

Parlez

---

ou de fe les faire adjuger à très-bas prix. Une autre partie feroit confumée par les frais de régie & de vente. La troifième qui feroit la moindre, après avoir été réalifée & portée dans les coffres du roi, fe diffiperoit tôt ou tard. L'état, privé pour toujours des contributions que fournit le clergé, fe trouveroit encore chargé des penfions alimentaires pour l'entretien de fes membres auffi bien que des rembourfemens des créanciers : & dans les befoins urgens, dans des momens de crife, où les finances feroient épuifées, où il feroit dangereux, où il feroit même impoffible de mettre de nouveaux impôts à caufe de l'indigence du peuple, ou de fes difpofitions à une révolte ; dans ces momens où le clergé a facrifié généreufement une partie de fes domaines pour fauver l'état ; (& il l'a fait pendant la captivité de nos rois & pendant les guerres civiles des proteftans) dans ces momens que deviendroit la monarchie ? que deviendroit la patrie ? que deviendroient les citoyens ? Le monarque a fuccombé dans un cas pareil en Angleterre, parce que les rebelles ayant intercepté les tributs, & le clergé dépouillé de fes biens n'ayant plus de moyen de le fecourir, le prince refta fans reffource pour fournir aux frais de la guerre. Ainfi Dieu permit que cette même fecte qui avoit engagé le fouverain à s'emparer des domaines de l'églife, lui enlevât à lui-même fa couronne. De pareils exemples fe répètent encore tous les jours en petit fous nos yeux. Jamais les familles ne fe font appauvries par les aumônes, & jamais la fortune de maifons que les biens de l'églife

ont

Parlez à préſent ſi vous voulez, monſieur, d'humanité & de bienfaiſance;
(car le nom de charité eſt trop ſuranné

ont enrichies, n'a duré au delà d'un ſiècle. Il ne
faut qu'ouvrir les yeux pour s'en convaincre.

4°. Eſt-ce reſpecter ſes citoyens que de vouloir
les dépouiller des revenus qui circulent dans la ſociété comme les revenus des autres ſujets? Eſt-ce
reſpecter ſes concitoyens que d'enlever à une infinité de malheureux de la campagne les reſſources
qu'ils trouvent non-ſeulement dans les temps de
calamité, mais encore dans les plus rudes ſaiſons
de l'année, auprès des abbayes & des prieurés qui
ſont dans leur voiſinage? Croit-on qu'en général
ces malheureux trouveroient les mêmes reſſources,
ſi ces biens étoient poſſédés par des laïcs? & ne
craindroit-on pas que les cris de ces malheureux
qui ſont nos concitoyens, qui ſont ſujets du prince,
& d'autant plus dignes de ſes ſoins paternels, qu'ils
ſont plus dénués de ſecours, ne s'élevaſſent juſqu'au
ciel & n'allumaſſent ſa colère? car les cris des
pauvres ne manquent jamais d'être exaucés. En
Allemagne, en Suède, en Angleterre, dans tous
les pays où le flambeau de la foi s'eſt éteint, l'in-
vaſion des biens de l'égliſe a été le prélude de
l'extinction de la religion.

D'ailleurs les biens eccléſiaſtiques ſont encore
moins les biens des bénéficiers actuels que les biens
de la nation en général. Les bénéficiers n'ont que
l'uſufruit : les revenus qu'ils poſsèdent, paſſeront
donc à la poſtérité des autres citoyens qui vivent
parmi nous & de ceux mêmes qui applaudiſſent à
un projet de deſtruction encore plus ruineux pour
les deſcendans que pour le clergé actuel. Car les
bénéficiers conſerveront au moins des penſions alimentaires ſi on les dépouille? mais que reſtera-t-il
pour ceux qui viendront après eux?

M

dans un siècle devenu trop philosophe) mais parlez au moins de cette humanité & de cette bienfaisance avouées des sages du paganisme. Je vais vous en citer un exemple, & je ne vous en citerai qu'un seul.

On découvre à Rome une conjuration formée contre la république (1). On arrête plusieurs complices ; on le convainc & on délibère sur la peine qu'ils doivent subir. César fait un beau discours sur la clémence, & conclut seulement à une prison perpétuelle. (vous remarquerez en passant, monsieur, que César étoit fortement soupçonné d'être du nombre des conjurés) Mais l'illustre consul qui les a déférés (2), conclut à leur faire subir la rigueur des loix.

„ Quand je me représente, dit cet élo
„ quent républicain, quand je me re
„ présente cette fameuse ville, la gloire
„ de l'univers, l'asyle de toutes les na
„ tions, livrée aux flammes & consumée
„ en un seul jour ; quand je considère
„ la liberté publique ensevelie sous les
„ ruines de ma patrie ; quand je vois
„ une troupe de satellites, la fureur dans
„ l'ame, le fer & le feu à la main, brû-

______

(1) Conjuration de Catilina.
(2) Cicéron.

ler nos temples , égorger nos concitoyens , attenter à l'honneur de nos
femmes , il me ſemble voir la république elle - même nous tendre les
mains pour implorer notre ſecours.
Alors une véritable commiſération
m'inſpire une juſte ſévérité, & la clémence qui épargne le crime me paroît une cruauté contre la patrie (1). "

Le zèle de l'illuſtre conſul fit tomber
ſe voile d'une fauſſe humanité ; les cou-
ables furent punis, & il n'y eut que
es ennemis de la république qui lui en
rent un crime. Où ſera donc aujour-
'hui, monſieur, la vraie humanité,
u dans celui qui , alarmé des affreux
éſordres d'une ſecte toujours ennemie
e la dépendance , deſire non qu'on
étouffe dans le ſang , non qu'on ré-
uiſe les ſectaires en ſervitude , mais
ue pour épargner le ſang même , on
aintienne les loix qui les mettent dans
heureuſe impuiſſance de nous nuire (2);

---

(1) Cicer. in Catil. orat. 4 , n. 12.

(2) ,, Il ne faut jamais craindre qu'aucun ſen-
timent philoſophique puiſſe nuire à la religion
du pays. Nos myſtères ont beau être contraires
à nos démonſtrations, ils n'en ſont pas moins
révérés par nos philoſophes chrétiens. " *Lettres
hiloſoph. 13me lettre.*

M ij

ou dans celui qui, par un systême per-
fide de tolérance, voudroit nous inspi-
rer une funeste sécurité, & qui, pour
favoriser quelques citoyens obstinés, ex-
poseroit la nation entière aux plus grands
malheurs. C'est à votre conscience que
je m'adresse, je vous laisse ici à vos
réflexions, & j'ai l'honneur d'être,

Monsieur,

Votre, &c.

LETTRE VIII.

MA dernière lettre étoit achevée, monsieur, lorsque vous avez publié la suite de votre dialogue. Je me suis empressé de la lire, & je vous avoue que j'ai été également scandalisé de l'apologie que vous faites des protestans, & du fiel que vous répandez contre le clergé & en particulier contre votre censeur(1), qui vraisemblablement ne se donnera pas la peine de vous répondre. Cependant comme j'ai encore la plume en main, je ne la quitterai point sans vous en dire quelque chose. Je vous fais d'abord grace des bévues (2), pour ne m'attacher qu'au fond; & je commence par les prétendues vexations que le prince & le clergé ont exercées contre les protestans.

„ Je vois, dites-vous, les protestans

____

(1) Le **R. P.** Richard, dominicain, qui avoit répondu au dialogue.

(2) Il est parlé par exemple (p. 91) d'un **Valens** qui poursuivit les priscillianistes. On ne sait dans quel endroit M. le curé a été chercher ce **Valens**. Il est fait mention dans l'histoire ecclésiastique d'un évêque du même nom, chef du parti arien, qui vivoit du temps des priscillianistes; mais qui n'inquiéta jamais ces hérétiques.

„ depuis plus d'un siècle errans par trou-
„ pes dans le royaume, & fugitifs par
„ milliers chez l'étranger ; ici poursuivis
„ l'épée aux reins ; là saisis & jettés dans
„ les prisons ; les uns dépouillés de leurs
„ biens & traînés au galères ; les autres
„ séparés de leurs femmes & de leurs en-
„ fans, & contraints de s'expatrier en
„ chargeant l'église romaine de malé-
„ dictions. (Ce n'est pas certainement à
ce dernier trait qu'on reconnoîtra les
martyrs de Jesus-Christ) „ Lisez, ajoutez-
„ vous, leur dernière requête à notre
„ jeune roi, qui contient un détail de
„ nouvelles horreurs que nos échevins
„ mêmes, depuis deux ans se sont per-
„ mises.... Si vous appellez cela, mon
„ père, des voies de douceur, c'est
„ qu'apparemment vous n'avez étudié
„ la langue françoise que dans le diction-
„ naire du saint office (1)."
Ensuite : „ Qu'un esprit borné vienne
„ à s'échauffer sur ces idées ; la première
„ que la religion catholique est la seule
„ véritable ; la seconde qu'un roi chré-
„ tien ne doit tolérer qu'elle dans ses
„ états : c'en est fait ; ce petit génie ne
„ voit rien de plus. Resserré dans ces

---

(1) Suite du dialogue sur les mariages des protest.
édit. 1776, en 142 p. in-12. p. 22, 23.

„ deux idées, il en conclut qu'un roi
„ est un fort mauvais chrétien s'il per-
„ met à des hérétiques de respirer l'air
„ du royaume ; il en conclut que c'est
„ offenser Dieu que de ne pas sabrer ,
„ exterminer , anéantir quiconque égaré
„ malheureusement dans une mauvaise
„ voie , s'obstine à croire qu'il est dans
„ la bonne (1)... Sur quatre millions de
„ réformés en France , j'en vois un
„ tiers (2), &c.“

Arrêtez, monsieur ; quatre millions ! vous n'en comptiez que trois, il y a un an , dans votre dialogue. Quelle propagation ? n'y auroit-il pas là quelque méprise. Quoi qu'il en soit, quels sont donc ces hommes que vous désignez sous le nom de petits génies , & pourtant assez puissans pour influer dans le gouvernement ; tout le monde sait votre secret aujourd'hui sur cet article. Ce sont les princes & les prêtres ; mais ici, monsieur , je vous interpelle au nom de tous les vrais catholiques de nous dire quel est le prince, quel est l'évêque, quel est le théologien qui ordonne *de sabrer, d'exterminer , d'anéantir* quiconque ne croit pas le même symbole que lui. Il faut, monsieur, citer vos garans, ou je

(1) Ibid. p. 24.
(2) Ibid. p. 67 , 68.

M iv

vous dénonce à toute la France comme le plus impudent de tous les calomniateurs.

Vous alléguez en preuve de l'oppresfion & de la fidélité des calvinistes, la requête qu'ils ont préfentée à Louis XVI; mais n'en préfentoient-ils pas de pareilles lorfqu'ils allumoient les guerres civiles dans le fein du royaume? les eufliez-vous déclarés innocens fur des pareils garans?

Vous alléguez encore les éloges qu'on lit dans la déclaration de 1656, & ceux que leur donnèrent Louis XIV & le cardinal Mazarin dans leurs lettres au roi d'Angleterre & à l'électeur de Brandebourg. Citez donc auffi, monfieur, tous les édits, toutes les déclarations que les prédécefleurs de Louis XIV étoient forcés de publier, lorfque les calvinistes après leur avoir livré des combats fanglans, après avoir attenté fur leur perfonne facrée, après avoir dévafté leurs provinces, les réduifoient à la trifte néceffité de déclarer que les calvinistes s'étoient toujours comportés en fidèles fujets, & de donner des gouvernemens aux chefs, en récompenfe de leur prétendue fidélité.

Que prouvent donc ces récompenfes, & ces éloges? Tout le contraire de ce

que vous voudriez en conclure ; c'eſt
que les calviniſtes s'étoient rendus ſi redoutables ſous le règne de Charles IX,
de Henri III & d'Henri IV, c'eſt qu'ils
l'étoient ſi fort en 1659, ſous le règne de
Louis XIV, par les liaiſons qu'ils entretenoient avec les princes proteſtans d'Allemagne, qu'ils forçoient leurs ſouverains mêmes, par des raiſons d'état, à
devenir leurs apologiſtes. Car à qui per-
ſuaderez-vous, monſieur, que Louis XIV,
qui voyoit pour ainſi dire, les ruines
encore fumantes des villes que les proteſtans avoient détruites, qui bientôt
après fut obligé d'employer l'autorité des
loix pour réprimer leur licence, qui fi-
nit enfin par révoquer l'édit de Nantes,
fut véritablement bien aſſuré de leur
fidélité ?

Vous entreprenez enſuite de juſtifier
la ſecte des déſordres qu'elle a commis,
en les imputant aux princes mécontens.
,, Pour bien juger des principes des cal-
,, viniſtes, dites-vous, il faut les pui-
,, ſer, ou dans les écrits de leurs
,, premiers réformateurs, ou dans les
,, déciſions de leurs ſynodes, ou dans
,, les lettres de leurs miniſtres, ou dans
,, les ſermons de leurs prédicans. Avez-
,, vous lu, mon père, tous ces ouvra-
,, ges ? Pour moi, ſans m'être jetté dans

„ les lectures immenses , je sais cepen-
„ dant que Calvin, Bucer, Zuingle,
„ Bullinger, Pierre martyr , quand ils
„ ont traité cette matière (de la sou-
„ miffion qu'on doit aux souverains)
„ n'ont pas balancé à dire que c'étoit
„ un crime de prendre les armes contre
„ les rois , même impies.... Donnez-vous
„ la peine de lire leurs confeffions de
„ foi... vous y verrez avec quelle éner-
„ gie leurs synodes établiffent d'un côté
„ le droit des souverains dont l'autorité
„ n'a pour bornes que celles qui y met-
„ tent les commandemens de Dieu qui
„ se trouveroient en concurrence avec
„ leurs ordres ; de l'autre l'obligation
„ des sujets qui doivent tout sacrifier
„ excepté leur confcience pour prouver
„ leur zèle, leur foumiffion, leur fidé-
„ lité (1).... Etes-vous affez novice dans
„ l'hiftoire pour ignorer le véritable
„ mobile de ces funeftes guerres (qui
„ ont défolé la France) ? fi vous aviez
„ lu avec attention M. de Thou, Me-
„ zerai , &c. vous fauriez que les pro-
„ teftans ont marché dans ces guerres
„ en qualités de foldats, mais non de
„ fectaires, fous l'étendard de la dif-
„ corde, & non de la religion , inftru-
„ ment de l'ambition des princes mé-

____

(1) P. 72, 73, 74.

„ contens , non pour défendre leurs
„ symboles ou les droits de leur con-
„ science (1)."

Quoi , monsieur , votre censeur met
sous vos yeux , les lettres de Calvin au
marquis de Pouet , l'un des généraux
des religionnaires en Dauphiné , dans
lesquelles il applaudit au fanatisme de
ce général pour établir la religion protestante : vous y lisez en propres termes :
„ Sur-tout ne faites faute de défaire le
„ pays de ces zélés faquins qui exhortent
„ les peuples par leurs discours à se roidir
„ contre nous, noircissent notre conduite
„ & veulent faire passer pour rêverie no-
„ tre croyance. Pareils monstres doivent
„ être étouffés comme on fit ici en l'exé-
„ cution de Michel Servet (2)." Vous
voyez les protestans de Genève mettre
l'assassin du duc de Guise au nombre
des martyrs , & Calvin le chef des protestans garder le silence à Genève. Vous
voyez le baron des Adrets exercer les
plus horribles barbaries dans les provinces , & Calvin l'exhorter seulement à
modérer son zèle. Vous voyez Bèze , le
disciple & le confident de Calvin , allumer le feu des guerres civiles en France ,

____

(1) P. 79.
(2) Lettre de Calvin du 9 sept. 1561 , qui se
trouve à la fin des protestans déboutés.

M vj

menacer le prince de Condé des foudres
du ciel s'il remet l'épée dans fon fourreau, & Calvin diffimuler le fanatifme
de fon difciple. Vous voyez les fynodes
fe concerter pour faire la guerre, inviter
leurs partifans à prendre les armes pour
leur commune défenfe, à fe cotifer pour
foudoyer les troupes, lever eux-mêmes
des impôts, fe faifir des déniers du roi,
ordonner de tenir regiftres des proteftans
qui font en état de porter les armes,
menacer le fouverain s'il n'acquiefce à
leurs demandes, de l'y contraindre par
la force. Vous les voyez former des confédérations avec les ennemis de l'état,
excommunier les proteftans qui ofent déf-
approuver leurs entreprifes, juftifier leur
révolte, par le motif de leur religion,
ne pofer les armes qu'après avoir ftipu-
lé pour la liberté de leur culte, rejetter
les propofitions de paix toutes les fois
que les conditions ne paroiffoient pas
affez favorables à leurs prétentions ; &
lorfque vous voyez tout cela, vous ofez
affirmer que ni Calvin, ni les miniftres,
ni leurs fynodes, n'ont jamais foufflé le
feu de la rébellion ; que jamais les fectaires n'ont pris les armes pour défendre
leurs fynodes & les droits de leur confcience ; enfin que jamais la religion n'a
été le motif de leur révolte. Eft-ce donc

par le mensonge & l'impudence qu'on défend les droits de la vérité?

Des courtisans inquiets ont profité de ces malheureuses circonstances pour satisfaire leur ambition ou leur jalousie: oui, sans doute. Ils ont mis les calvinistes dans leur parti en se déclarant leurs protecteurs: je le sais. Mais s'ensuit-il delà que les calvinistes n'aient levé les premiers l'étendard de la rébellion? s'ensuit-il que les calvinistes ne leur aient préparé les voies en excitant les fermentations violentes qui agitoient toutes les provinces? en est-il moins vrai que les calvinistes réunis formoient les armées des rebelles, & que s'ils se rangeoient quelquefois sous les étendards des courtisans ambitieux, ce n'étoit jamais que pour extorquer de nouveaux privilèges en faveur de leur réforme? Sans vous rappeller ici ce que j'en ai déja rapporté, je vous invite seulement à lire ce qu'en dit M. Bossuet (1).

„ On fait de nouveaux efforts, dit
„ ce prélat, pour montrer que ces guer-
„ res (des protestans) furent purement
„ politiques & non de religion. Ces
„ vains discours (retenez bien ceci,

_____

(1) Hist. des variat. t. 2, l. 10, 1er avertiss. n. 9, 10, 11.

,, monfieur) ces vains difcours ne mé-
,, ritent pas d'être réfutés, puifque pour
,, voir le deffein de toutes ces guerres,
,, il n'y a feulement qu'à lire les trai-
,, tés de paix & les édits de pacification,
,, dont le fond étoit toujours la liberté
,, de confcience & quelques autres pri-
,, vilèges pour les prétendus réformés(1).
Et un peu auparavant :,, Les décifions
,, expreffes fur cette matière furent fai-
,, tes pour la plupart dans les fynodes
,, provinciaux. Mais pour n'avoir pas
,, befoin de les y aller chercher, il
,, nous fuffira de remarquer que ces dé-
,, cifions furent prévenues par le fynode
,, nationnal de Lyon en 1563, art. 38,
,, *des faits particuliers*, où il eft porté
,, *qu'un miniftre du Limoufin qui au-*
,, *trement s'étoit bien porté*, par menace
,, des ennemis a écrit à la reine mère,
,, qu'il n'avoit jamais confenti au port
,, des armes, jaçoit qu'il y ait con-
,, fenti & contribué. Item qu'il promet-
,, toit de ne point prêcher, jufqu'à ce
,, que le roi le lui permettroit. Depuis
,, connoiffant fa faute, il en avoit fait
,, confeffion publique devant tout le
,, peuple, & un jour de cène, en pré-
,, fence de tous les miniftres du pays

______

(1) Ibid. tom. 2, l. 10, 11, 61.

„ & de tous les fidèles. On demande s'il
„ peut rentrer dans ſa charge. On eſt
„ d'avis que cela ſuffit. Toutefois il
„ écrira à celui qui l'a fait tenter pour
„ lui faire connoître ſa pénitence ; & le
„ priera-t-on qu'on le faſſe ainſi enten-
„ dre à la reine. Et là où il advien-
„ droit que le ſcandale en demeurât à
„ ſon égliſe, il ſera en la prudence du
„ ſynode *du Limouſin de le changer*
„ *du lieu.*

„ C'eſt un acte ſi chrétien, ajoute M.
„ Boſſuet, & ſi héroïque dans la nou-
„ velle réforme, de faire la guerre à
„ ſon ſouverain pour la religion, qu'on
„ fait un crime à un miniſtre de s'en
„ être repenti, & d'en avoir demandé
„ pardon à la reine. Il faut réparation
„ devant tout le peuple dans l'action la
„ plus célèbre de la religion, c'eſt-à-dire
„ dans la cène ; ces excuſes reſpectueuſes
„ qu'on a faites à la reine & pouſſer
„ l'inſolence juſqu'à lui déclarer à elle-
„ même, qu'on déſavoue ce reſpect, afin
„ qu'elle ſache que dorénavant on ne
„ veut garder aucune meſure ; encore
„ ne fait-on pas après cette réparation
„ & ce déſaveu, ſi on a ôté le ſcandale
„ que cette ſoumiſſion avoit cauſé parmi
„ le peuple réformé. Ainſi on ne peut
„ nier que l'obéiſſance n'y fut un ſcan-

„ dale. Un synode nationnal le décide
„ ainsi. Mais voici dans l'article 48 une
autre décision qui paroîtra moins étrange.

„ *Un abbé venu à la connoissance de*
„ *l'évangile a brûlé ses titres, & n'a*
„ *pas permis depuis six ans qu'on ait*
„ *chanté la messe en l'abbaye.* Quelle
„ réforme ! Mais voici le comble de la
„ louange : *ainsi s'est toujours porté*
„ *fidellement, & a porté les armes pour*
„ *maintenir l'évangile.*

„ C'est (poursuit le docte prélat) c'est
„ un saint abbé, qui, très-éloigné du
„ papisme, n'a souffert dans son abbaye
„ ni vêpres ni messes, quoi qu'en aient
„ pu ordonner les fondateurs ; & qui
„ de plus, peu content de ces armes
„ spirituelles tant célébrées par S. Paul,
„ mais trop foibles pour son courage,
„ a généreusement porté les armes &
„ tiré l'épée contre son prince pour la
„ défense du nouvel évangile. *Il doit*
„ *être reçu à la cène*, conclut le sy-
„ node nationnal : & ce mystère de
„ paix est la récompense de la guerre
„ qu'il a faite à la patrie.

„ Cette tradition du parti s'est con-
„ servée dans les temps suivans ; & le
„ synode d'Alais en 1620 remercia M.
„ de Châtillon qui lui avoit écrit *avec*
„ *protestation de vouloir employer*, à

„ *l'exemple de ses prédécesseurs , tout*
„ *ce qui étoit en lui pour l'avancement*
„ *du règne de Jesus-Christ.* C'étoit le
„ style. La conjoncture des temps &
„ les affaires d'Alais expliquent l'inten-
„ tion de ce seigneur : & on sait ce
„ qu'entendoient par le règne du Christ
„ l'amiral de Châtillon & Dandelot ses
„ prédécesseurs (1)."

Ainsi parle le célèbre évêque de Meaux,
l'un des mieux instruits sur cette matière. Le texte est trop important pour
paroître long. Ce n'est pas ici un simple témoignage que je rapporte ; ce sont
encore des preuves de fait dont il est
appuyé.

Voulez - vous des autorités encore
moins suspectes ? relisez le portrait des
protestans, tracé de la main de Grotius,
protestant lui-même, que j'ai rapporté
dans une autre lettre. Lisez ce qu'en dit
l'auteur du siècle de Louis XIV , en titre *calvinisme.* Vous en appellez au témoignage de Mezerai & de Thou. Eh
bien, consultons-les. Je prends d'abord
Mezerai : j'ouvre au hasard , & je tombe
sur l'endroit où l'historien raconte comment les protestans surprirent la Rochelle.
Voici ses termes :

____

(1) Hist. des var. tom. 2, l. 10 ; n. 36 , 37 , 38.

„Trucharés ayant été élu maire, com-
„ mença d'entretenir des intelligences
„ très-particulières avec le prince (de
„ Condé), & finalement, il reçut Saint-
„ Hermine lieutenant de fa part, au-
„ quel il livra la ville le neuvième de
„ Février de cette année (1566), &
„ fit prêter le ferment aux habitans,
„ qu'ils emploieroient conftamment leurs
„ biens & leurs vies pour la défenfe
„ de la religion réformée. Ainfi depuis
„ ce jour-là, la Rochelle demeura avec
„ tout fon gouvernement au pouvoir
„ des huguenots & du prince.“
Mezerai racontant enfuite les différentes entreprifes que firent les proteftans
après s'être rendus maîtres de la Rochelle, continue ainfi : „ Or le deffein
„ des confédérés étoit de s'affujettir le
„ Poitou, la Guienne & pays circon-
„ voifins ; de les borner fuivant la dif-
„ pofition des lieux avec des places de
„ défenfe qu'ils y fortifieroient, & d'y
„ recevoir tous les françois qui feroient
„ inquiétés au fujet de la religion. Gui
„ d'Aillon de Ludes étoit gouverneur
„ du Poitou, qui voyant que les hu-
„ guenots avoient pris les armes pour
„ le prince, leva auffi des troupes pour
„ courir fus... Saint-Hermine recueillant
„ de toute part ceux qui portoient les

„ armes pour le parti, se trouva si fort
„ qu'il s'empara de l'isle de Ré, de la
„ presqu'isle de Maran, de plusieurs au-
„ tres châteaux des environs de la Ro-
„ chelle. Cela fait, après avoir fortifié
„ Maran qui est comme à l'entrée du Bas-
„ Poitou, ils descendirent vers les fer-
„ tiles contrées de Saint-Gemme & de
„ Luçon, afin de recouvrer des vivres
„ pour une si grande multitude de per-
„ sonnes qui arrivoient de tous côtés à
„ la Rochelle...... Quelques prêtres &
„ soldats s'étant rétirés dans l'église de
„ Luçon, échauffèrent plutôt qu'ils n'ar-
„ rêtèrent la fureur de ces troupes, les-
„ quelles les forcèrent & les passèrent tous
„ au fil de l'épée. La Guienne, province
„ voisine non moins peuplée de hugue-
„ nots que le Poitou, fut préservée de
„ leur surprise par Montluc, &c.“ (1)

Je finirai ici pour abréger ; mais je
vous exhorte, monsieur, à lire la suite,
& vous me direz après cela, s'il est
bien vrai que, selon Mezerai, les guerres
des calvinistes ne furent jamais des guerres de religion.

Venons à présent à M. de Thou, &
commençons par la première entreprise

____

(1) Hist. de France par Mezerai, tom. 3, règne
de Charles IX, p. 175, édit. in-fol. 1685.

qui donna le signal de la révolte, je
veux dire par la conjuration d'Amboise.
„ Les conjurés s'assemblèrent en grand
„ nombre, dit cet historien. Les uns
„ alléguoient l'odieuse domination des
„ Guises ; les autres vouloient procurer
„ la liberté de religion ; d'autres étoient
„ déterminés par le desir d'innover. Pour
„ donner une couleur de justice à leurs
„ complots, ils se plaignirent que les
„ Guises avoient usurpé le souverain
„ commandement, & qu'ils méprisoient
„ les ordres de l'état. On consulta là-
„ dessus les plus célèbres jurisconsultes
„ de l'Allemagne & de la France ; on
„ consulta les théologiens protestans pour
„ savoir si l'on pouvoit, sans blesser la
„ conscience & sans se rendre coupable
„ du crime de lèze-majesté, prendre les
„ armes pour le salut de la patrie, & se
„ saisir de François de Guise & du car-
„ dinal Charles de Lorraine, pour les
„ obliger à rendre compte de leur ad-
„ ministration. Ils répondirent qu'on le
„ pouvoit, pourvu qu'on fût autorisé
„ par les princes du sang royal, ou par
„ l'un d'eux, & qu'on eût le consente-
„ ment des ordres de l'état, ou de la
„ plus grande & de la plus saine partie.
„ *Licere respondebant modo, &c.* (1)"

____

(1) Thuani Hist. t. 1. 34 & 17, p. 818, Lugd
edit. in-fol. ann. 1733.

La résolution étant prise, la Renaudie, l'un des chefs des protestans, marche à Amboise à la tête des conjurés (1). La cour avertie du complot, prend l'alarme, le conseil s'assemble, l'amiral de Coligni dévoué aux calvinistes, assure qu'on peut appaiser la plupart des conjurés en accordant la liberté de religion. *Colinius plerosque affirmavit placari posse si libertas conscientiis concedatur* (2). La cour se détermine à employer la force ; on en vient aux mains ; les conjurés sont défaits, plusieurs sont pris & punis.

Cependant les calvinistes fomentent dans les provinces. Leur audace s'accroît avec leur nombre. Ils tiennent par-tout de fréquentes assemblées. *Augebatur interim protestantium numerus, & cœtus ubique frequentes habebantur, crescente cum numero sociorum audaciâ* (3). S'étant fortifiés à Valence par la jonction d'un grand nombre de gentilshommes & de jeunes étudians dans l'université de droit, alors fort célèbre dans cette ville, ils s'emparent de l'église des franciscains pour y faire publique-

____

(1) Ibid. n. 25, &c.
(2) Ibid. n. 30, p. 825.
(3) Ibid. t. 2, l. 25, n. 16, p. 26, ann. 1540.

ment leurs prêches. A Romans, ils fe faifirent de l'églife placée fur le. lieu le plus éminent; ils s'y affemblèrent à main armée & infultèrent les catholiques. Le duc de Guife leur envoie un commiffaire avec des lettres du roi, portant amniftie pour la conjuration d'Amboife. Le commiffaire les affemble à Valence, & leur fait part du fujet de fa miffion. Ils demandent qu'il leur foit permis d'invoquer les lumières du Saint-Efprit, avant de prendre une détermination; & après avoir invoqué le Saint-Efprit, ils répondent qu'ils n'ont jamais formé de complot contre le roi, ni contre l'état; qu'ils ont feulement cherché à fe procurer la liberté de confcience; qu'ils ont établi des affemblées légitimes pour s'y maintenir; qu'ils ont pris les armes pour leur propre défenfe, non pour troubler la tranquillité publique, & qu'ils n'ont pas befoin de l'amniftie qu'on leur offre. *Confcientiæ tantùm libertatem quæfiviffe, eamque ut tuerentur cœtus legitimos inftituiffe.... privatæ tutelæ caufâ, non ut quietem publicam turbarent arma fumpfiffe, proindeque gratiâ nihil fibi opus effe* (1).

____

(1) Ibid. p. 26, 27.

Voilà donc, suivant Mezerai, les calvinistes qui livrent la ville de la Rochelle au prince de Condé ; qui font prêter serment à tous les habitans de défendre la religion réformée au dépens de leur vie ; qui reçoivent tous les protestans des autres provinces ; qui massacrent, qui pillent, enfin qui se révoltent par tout où ils se trouvent les plus forts. Voilà encore, suivant M. de Thou, les conjurés d'Amboise presque tous composés de protestans déterminés à la révolte par le motif de leur religion, autorisés dans leur révolte par des théologiens protestans ; voilà la Renaudie, l'un des plus ardens protestans, chef de la conjuration. Voilà ces mêmes protestans soulevés de tous côtés dans les provinces, tenant des assemblées, s'emparant de force des églises, y établissant leurs prêches, refusant l'amnistie que le roi leur offre pour la conjuration d'Amboise, parce, disent-ils, qu'ils n'ont pris les armes que pour se procurer la liberté de conscience. Et vous, monsieur, pour nous prouver que la guerre des protestans n'a pas été une guerre de religion, qu'ils n'ont jamais pris les armes pour l'intérêt de leur réforme ; vous nous citez Mezerai & de Thou ; & ce sont les seuls que vous citez. Et vous les citez pour impofer au prince dont vous prétendez réformer les loix, au clergé que vous outragez, à la nation entière que vous voulez intéreffer dans votre caufe, & cela fur l'objet le plus important, lorfqu'il s'agit de la monarchie, de la religion, du falut des peuples, de leur repos, de leur fûreté, de leur exiftence? Je me tais ici, monfieur, & je demande que le public vous juge.

Mais voici une preuve encore plus fingulière de la prétendue fidélité des proteftans. „ Leurs fynodes, dites-vous, „ établiffoient avec énergie, d'un côté, „ le droit des fouverains, dont l'autori- „ té n'a pour bornes que celles qu'y „ mettent les commandemens de Dieu; „ & de l'autre l'obligation des fujets, „ qui doivent tout facrifier, excepté leur „ confcience, pour prouver leur zèle, „ leur foumiffion, leur fidélité.“ Eh qui ofa jamais contefter ouvertement ces principes? *Obéir à Dieu plutôt qu'aux hommes*, ç'a été le premier cri de la foi dans la bouche des apôtres, mais ce fut toujours auffi le premier cri de guerre dans la bouche des hérétiques. Les huffites lorfqu'ils ravageoient la Bohême; Cromwel lorfqu'il faifoit décapiter fon roi; tous les proteftans de France lorfqu'ils vouloient fe

faifir

faisir de la personne sacrée du prince lorsqu'ils portoient le fer & le feu dans toutes les provinces, avoient pris pour devise : *Obéir à Dieu plutôt qu'aux hommes.* Que signifioient donc ces paroles? Elles signifioient dans la bouche des apôtres : nous souffrirons la mort plutôt que de taire des vérités que Jesus-Christ nous ordonne de publier. Elles signifioient dans la bouche des protestans : nous ferons périr s'il le faut & les peuples & les rois plutôt que de résister à notre inspiration particulière. Et d'après cette profession de foi , vous croyez, monsieur, les protestans parfaitement justifiés ?

Enfin vous prétendez trancher toutes les difficultés & calmer nos craintes par une seule réflexion , & la voici : ,, Si les ,, protestans s'armoient contre les catho- ,, liques , ils feroient dans le même cas ,, que les catholiques qui s'armeroient ,, contre les protestans. Les uns & les ,, autres feroient punissables. La loi est ,, pour eux tous. Le souverain est placé ,, sur un trône élevé pour voir de loin ,, ses sujets, & leur rendre à tous une ,, égale justice.'' (1) Ainsi raisonnoient les politiques, monsieur, lorsqu'ils laissoient introduire la

(1) Suite du dial. p. 42, 43.

N

réforme dans le royaume. Qu'en eſt-il arrivé ? l'expérience ne vous l'a que trop appris. Le roi, dites-vous, eſt ſur le trône pour punir. Oui ſans doute ; mais la vie de tant d'innocens qui ſeroient immolés, & de tant de coupables qu'il faudroit punir, ſeroit-elle donc un mal ſi léger pour qu'on dût en courir le riſque ? mais le ſouverain placé ſur le trône, au lieu de donner un frein au fanatiſme, n'en ſera-t-il point renverſé ?

„ Quels ennemis, continuez - vous,
„ aurions-nous à craindre ? y a-t-il au
„ jourd'hui des Guiſes, des Mayenne,
„ des Coligni, des Dandelot, des Sou
„ biſe, des Joyeuſe que le ſouffle de
„ l'ambition ont ou jetté dans des in
„ trigues, ou porté à des confédérations
„ avec l'étranger ? les titres de citoyens,
„ d'époux, donnés aux proteſtans, leur
„ donneroient-ils encore des arſenaux,
„ des flottes, des canons, des ſoldats,
„ des capitaines, des villes de refuge
„ & des millions qui ſont le nerf de la
„ guerre.“ (1)
Vous auriez donc dit, monſieur, fort ſérieuſement à tous les peuples quand l'erreur commença à circuler en Allemagne, en Hollande, en Angleterre, en France, &c. Meſſieurs, reſtez en paix ;

____

(1) Suite du dial. p. 94.

les novateurs n'ont ni arsenaux, ni flottes, ni canons, ni soldats, ni capitaines,
ni villes de refuges. Mais si un politique eût alors mal raisonné, seriez-vous
excusable de raisonner aujourd'hui de
même, vous, monsieur, à qui nos malheurs ont déja appris que quand une secte
fortifiée par le nombre de ses partisans,
a disposé les esprits à la révolte par l'a-
mour de l'indépendance, la moindre
étincelle suffit pour causer un incendie,
qu'on trouve alors & des soldats & des
capitaines & des millions? Ignorez-vous
que les plus grands fleuves ne sont que
de simples ruisseaux dans leur source.

Mais, ajoutez-vous ,, Que gagneroient
,, les protestans, si, jouissant une fois des
,, avantages du corps civil, ils s'avi-
,, soient d'exciter des troubles? " (1)
Rien peut-être : mais lorsqu'ils jouissoient
de tous les droits de citoyen, lorsqu'ils
avoient leurs prêches, leurs ministres,
des chambres mi-parties, des places de
sûreté, que devoient-ils prétendre de
plus? en sont-ils demeurés plus tranquilles? n'a-t-on pas vu au contraire leur
audace s'accroître en proportion des privilèges qu'ils extorquent? ne les a-t-on
pas vu dans tous les pays où ils n'ont
pas été contenus par le gouvernement,

____

(1) Ibid.

abolir la religion catholique, & subjuguer l'autorité elle-même ?

Venons à présent aux deux articles essentiels pour les protestans, la liberté de religion & la légitimité de leurs mariages. Vous réclamez d'abord la liberté de religion, & vous posez en principe que *les ames ne sont pas du ressort du monarque* (1). D'accord avec vous ; mais s'ensuit il delà que le monarque ne doive employer sa puissance pour empêcher que le gouvernement de l'église soit troublé, & que les fidèles soient pervertis ?

Vous ajoutez que la *persuasion est la seule voie permise dans la différence de religion*. Eh ! la preuve ? la voici : St. Paul dit : Prêcher la parole de Dieu. *Prædica verbum.* Ainsi parce qu'on doit prêcher la parole de Dieu, les princes violent la loi de Dieu, lorsqu'ils empêchent les hérétiques & les impies de corrompre, d'outrager cette parole sainte, & d'enlever des fidèles adorateurs à Jesus-Christ. Ainsi parce que les évêques doivent prêcher la parole de Dieu, ils trahissent les droits de cette parole sainte, lorsqu'ils implorent le secours du prince pour la faire respecter ; ainsi les conciles œcuméniques qui ont invoqué la protec-

____

(1) Ibid. p. 31.

tion des princes pour bannir les évêques hérétiques & supprimer leurs écrits, ont été des prévaricateurs & ils doivent être réformés. Ainsi les pères de l'église qui ont toujours regardé cette protection comme l'une des principales obligations au souverain, ont été des enthousiastes, & ils doivent être réformés. Ainsi les princes religieux qui sont venus au secours de l'église ont été des tyrans & ils doivent être réformés. Ainsi l'église qui a applaudi à leur zèle, n'a connu ni les devoirs des princes qu'elle devoit éclairer, ni l'esprit de l'évangile qu'elle devoit enseigner... Encore un pas de plus, monsieur, & vous voilà entiérement à la nouvelle réforme. Mais bientôt vous irez plus loin; car une fois qu'on a oublié les principes, le milieu qui sépare l'hérésie de l'incrédulité est trop glissant pour y prendre de la consistance. Vous allez en juger vous-même, car c'est vous-même que j'interpelle ici: & c'est d'après vos maximes que je vais raisonner.

,, Une amende contre les adversaires
,, de la vérité est selon vous, un atten-
,, tat contr'elle.... & la moindre menace
,, même est interdite à ses disciples (1).
,, La carrière de la controverse, dites-
,, vous, n'a jamais été fermée par la

______

(1) Suite du dial. p. 90.

N iij

„ main de la police dans aucun empire.
„ N'a-t-il pas toujours été dans l'ordre
„ de propofer des doutes, d'éclaircir
„ des queftions, de hafarder des fyfté-
„ mes, de les adopter ou de les dé-
„ truire s'ils paroiffent folides ou rui-
„ neux ? avec le don de penfer, l'homme
„ n'a-t-il pas reçu la liberté de dire ce
„ qu'il penfe, foit par écrit, foit de vive
„ voix ? L'églife a décidé, l'hérétique
„ eft condamné fans appel ; mais il ne
„ fe croit ni condamné ni condam-
„ nable." (1)

Ainfi le proteftant, le focinien, le déifte, le juif, l'athée, comme le bonze & le muphti auront pleine liberté de prêcher leur religion en France, d'atta-quer Jefus-Chrift & fon églife, les loix, les mœurs, tous les principes du gou-vernement, *de dire* enfin tout ce *qu'ils penfent, foit par écrit, foit de vive voix.* Cette liberté, *ils l'ont reçue comme le don de penfer*, de l'auteur mê-me de la nature, & ils ne fauroient en être dépouillés. *Ils font condamnés à la vérité* au tribunal de la raifon ou de l'églife ; *mais ils ne fe croient ni con-damnés ni condamnables.* Mais, vous monfieur, pourquoi donc enfeignez-vous qu'on „ ne fauroit trop tôt anéantir ceux

____

(1) Suite du dial. p. 36, 37, 38.

,, qui sèment dans les eſprits des maxi-
,, mes funeſtes, qui tendent à jetter dans
,, le corps politique des germes de mort,
,, à ſapper les fondemens de notre reli-
,, gion, à faire d'un royaume un théatre
,, de brigandage, telle que ſeroit une
,, ſecte de matérialiſtes ?`` (1)

Pourquoi encore ſi *la permiſſion eſt la
ſeule voie permiſe en matiere de religion, ſi une amende contre les adver-
ſaires de la vérité eſt un attentat contr'elle, ſi la moindre menace eſt interdite
à ſes diſciples,* pourquoi inviter le
prince à exclure les hérétiques des grandes charges? pourquoi affirmer que ,, le
,, droit & le devoir du monarque eſt de
,, détruire les temples des hérétiques &
,, de briſer leurs autels (2) ; que nos rois
,, rempliſſent le ſerment qu'ils ont fait
,, à leur ſacre, par leur attention à pro-
,, téger les miniſtres de la religion, à
,, faire obſerver les canons, à punir les
,, infracteurs, à défendre les droits de
,, l'égliſe, à ſoutenir les évêques & les
,, curés dans la ſphère de leurs légitimes
,, prétentions? `` (3) Direz-vous que les
proteſtans qui attaquent la foi, qui prêchent, qui adminiſtrent les ſacremens

____

(1) Suite du dial. p. 161.
(2) Ibid. p. 63.
(3) Ib. p. 26, 27.

fans miffion, ne violent point les faints
canons, qu'ils n'attentent point aux
droits de l'églife & de fes miniftres? vous
n'oferiez; mais s'ils violent les faints
canons, & fi le prince doit les faire ob-
ferver, quel moyen aura-t-il de contenir
les infracteurs, s'il ne peut même les réprimer par une fimple amende? Autre
contradiction: vous voulez que le prince
démoliffe les temples des proteftans, mais
fans empêcher l'exercice de leur culte,
fans profcrire leurs affemblées, fans in-
quiéter leurs miniftres.

  ,, Que votre majefté, dites-vous, dé-
,, truife les temples des hérétiques, brife
,, les autels, leur interdife toute affem-
,, blée d'éclat, c'eft le droit & le devoir
,, d'un monarque.... qui s'eft engagé par
,, ferment à maintenir la vraie religion
,, dans fa pureté, à protéger les minif-
,, tres, à les autorifer dans leur miffion,
,, à feconder leur zèle réglé par la cha-
,, rité, à tenir la main à l'exécution des
,, canons.... mais que vos fujets penfent
,, jufte ou non, que leur intérieur foit
,, bien ou mal réglé, que leur confcience
,, foit ténébreufe ou éclairée, tous ont
,, un droit égal non à vos graces, mais
,, à votre protection.... Chaque particu-
,, lier dans le royaume eft maître dans
,, fa maifon; qu'un chef de famille life
,, dans fon domeftique le fymbole de

,, Nicée ou celui de Dordrecht, il n'en
,, est pas de la police de France comme
,, de l'inquisition de Goa. Les sbirres
,, de celle-ci vont attaquer jusqu'aux
,, consciences, mais les exempts de l'au-
,, tre se bornent au maintien de l'ordre
,, civil & ne jugent des hommes que
,, par leurs actions.... D'où je conclus,
,, sire, que les religionnaires doivent
,, être conservés dans votre royaume sans
,, culte public, mais libres dans leurs
,, maisons, exclus de grandes charges,
,, mais employés selon leurs talens."(1)

Ici les réflexions naissent en foule ;
vous nous dites d'abord que le roi doit
détruire les temples. Or seriez-vous le
seul qui ignoriez que ces temples existent
dans plusieurs provinces du royaume,
sur-tout en Languedoc & dans la Guienne,
& que les protestans s'y assemblent, contre la disposition des édits & les défenses
expresses du prince ?

Comment donc vous, qui vous annon-
cez comme un patriote zélé, ou du moins
comme un réformateur équitable, osez-
vous affirmer que les protestans font des
sujets soumis & fidèles ? pourquoi tandis
que vous invectiviez contre le clergé &
la législation, gardez-vous un profond

____

(1) Suite du dial. p. 63, 64, 65, 66.

N v

silence sur les temples & les assemblées des protestans ? pourquoi lorsque votre zèle s'allume sur le malheur imaginaire des enfans qui recueillent aujourd'hui paisiblement l'héritage de leurs pères, dissimulez-vous les attentats réels que commettent habituellement les religionnaires, les monumens subsistans de leur rebellion, les scandales qu'ils causent dans l'église, le danger auquel ils exposent l'état? Ne devriez-vous pas témoigner au moins autant d'empressement pour le bien de l'église que pour faire légitimer les mariages des protestans, autant de zèle pour la sûreté de vos concitoyens que pour la fortune de quelques religionnaires, autant d'ardeur pour le maintien de la discipline que pour leur réforme ?

Pourquoi : vous qui enseignez *que détruire les temples des hérétiques, briser les autels, leur interdire toute assemblée d'éclat, c'est le devoir d'un monarque*, voudriez-vous pourtant qu'on leur permît leurs assemblées de religion, leurs prêches, l'exercice de leur culte? Il leur faut, selon vous, une religion, & par conséquent des ministres, & des cérémonies religieuses. Par conséquent la prédication de la parole de Dieu, l'administration des sacremens, vous ne proscrivez que les assemblées *d'éclat*. Mais des conventicules sans appareil, sans éclat, seront-ils moins contraires au bien de la religion, moins dangereuses pour l'état ? Vous avouez que le roi s'est *engagé par serment à maintenir la vraie religion dans sa pureté, à protéger les ministres, à les autoriser dans leurs missions, à tenir la main à l'exécution des canons.* Mais des conventicules schismatiques où des novateurs prêchent & administrent les sacremens sans mission, où ils attaquent nos dogmes sacrés, calomnient l'église & ses pasteurs, confirment un peuple de sectaires dans leur déplorable obstination, tendent des pièges à la foi des autres, ne sont-ils pas contraires à la disposition des saints canons, à la pureté de la religion & aux droits de l'église, à qui seule Jesus-Christ a donné la puissance *d'enseigner & de baptiser ?*

Chacun, dites-vous, *est maître dans sa maison ;* oui sans doute, tant qu'on n'y conspire point contre le bien public. Mais si on y fomente des divisions & des révoltes, si on y forme des complots contre l'état, la sûreté des citoyens exige alors l'intervention de la police pour le réprimer. Pourquoi donc si on y trouble l'ordre ecclésiastique, le prince ne devroit-il pas l'empêcher en qualité de protecteur de l'église ?

N vj

Qu'un chef de famille, ajoutez-vous, *lise dans son domestique le symbole de Nicée, ou celui de Dordrecht, il n'en est pas de la police de France comme de l'inquisition de Goa. Les sbirres de celle-ci vont attaquer jusqu'aux consciences.*

Hélas! monsieur, pourquoi dénaturer l'état de la question, au lieu de fournir vos preuves?

Pourquoi, lorsque le prince proscrit la religion protestante, annoncer qu'on va introduire en France l'inquisition de Goa? pourquoi, afin de justifier les prêches & les prédicans, nous dire qu'il est permis à un chef de famille de lire le symbole de Dordrecht? pourquoi, lorsqu'il s'agit seulement d'empêcher les novateurs de propager leur doctrine & de pervertir la foi des chrétiens, nous faire entendre que le prince va pénétrer dans l'intérieur des consciences, porter le poignard sur le sein des protestans & les forcer à réciter le symbole de Trente? pourquoi affecter de confondre des objets si distincts, & tromper ainsi le lecteur au lieu de l'éclairer?

Vous serez peut-être un peu embarrassé, monsieur, de répondre pour vous. C'est que le meilleur moyen de défendre une mauvaise cause, c'est de l'embrouiller pour faire prendre le change; c'est que pour calomnier, il faut chercher des prétextes; c'est que quand on s'écarte des principes, on va toujours plus loin qu'on ne voudroit, & qu'on tombe ensuite en contradiction quand on veut s'en rapprocher; c'est enfin que la tolérance des protestans conduit à la tolérance de toutes les sectes.

Voyons à présent comment vous justifierez, monsieur, leurs mariages; vous prétendez qu'ils ne blessent ni les loix de l'église ni les loix de l'état. C'est là votre thèse? & j'en demande la preuve.

1°. Ils ne blessent point selon vous, les loix de l'église, parce que l'église n'a point le droit d'invalider le contrat naturel qui résulte du consentement réciproque des deux époux; mais vous ne faites pas réflexion, monsieur le curé, que vous suivez des principes tout contraires dans la pratique; car lorsque les mariages sont déclarés nuls à raison d'un empêchement dirimant, vous obligez les époux à se séparer, vous les mariez à d'autres lorsqu'ils le requièrent. Or cela feroit-il possible, si les deux époux se trouvoient encore liés en vertu de leur consentement?

Supposons même que l'église ne puisse invalider le contrat naturel; au moins est-il de foi qu'elle peut mettre des empêchemens dirimans quant au sacrement, qu'elle peut prescrire des règles pour le

recevoir avec fruit. Au moins est-il incontestable que Jesus-Christ ayant élevé
le mariage à la dignité de sacrement,
pour donner aux époux des graces rela-
tives aux devoirs de leur état, c'est pé-
cher griévement, que de se priver de
ces graces en négligeant de recevoir ce
sacrement; donc les protestans violent
les loix de l'église, ou en négligeant de
recevoir un sacrement dont les graces
ont tant d'influence sur le repos des familles, sur l'éducation des enfans, sur le
bien de l'église & de l'état, ou en recevant le sacrement sans observer les règles prescrites par les saints canons,
c'est-à-dire en les recevant avec des dispositions sacrilèges.

2°. Pour montrer que les mariages d d
protestans ne blessent point les loix de
l'état, vous soutenez qu'il n'est aucune
loi civile qui les réprouve.

„ En 1685, dites-vous, le protestan-
„ tisme est extirpé dans le royaume par
„ l'édit révocatoire. Alors on fait en-
„ tendre à Louis XIV, qu'il n'y a plus
„ en France que des catholiques. En
„ conséquence ce prince donne en 1697
„ un édit qui, sans parler des protestans,
„ assujettit tous les mariages au rit ca-
„ tholique. Alors nouvelles vexations.
„ Pour les arrêter il paroît en 1698 une
„ loi qui borne la légitimité des maria-

„ ges à ceux des catholiques & des nou-
„ veaux convertis, sans parler de ceux
„ qui ne le font pas, & dont on suppose
„ la non-existence. En 1724, Louis XV
„ donne une déclaration dans le même
„ goût. Le ministre depuis garda le si-
„ lence ; il n'existe donc pas des loix
„ directes contre les protestans." (1)

Rien de plus aisé, monsieur, que d'é-
luder ainsi les loix les plus précises par
des suppositions arbitraires : mais il est
des principes dans la législation qui affurent la stabilité des loix contre les sub-
terfuges de la mauvaise foi & de la prévention.

Premier principe. Lorsqu'une loi est
claire, elle doit être prise dans la signi-
fication naturelle. Or les édits & déclarations soumettent clairement tous les
sujets du roi aux règles prescrites par l'é-
glise dans la célébration des mariages.
Donc tous les sujets du roi, les protestans comme les catholiques doivent être
soumis à ces règles.

Autre principe. Les loix doivent s'expliquer par l'usage, par la jurisprudence
des parlemens qui font les interprêtes
naturels des loix relativement aux cas
particuliers, qui se présentent à leurs tribunaux, enfin par l'autorité du législateur

____

(1) Suite du dial. p. 106, 107.

lui-même. Or il eft de notoriété publique que les édits & déclarations dont on vient de parler ont toujours été appliqués aux catholiques & aux proteftans ; que tous les parlemens, même ceux qui confer-vent actuellement la fucceffion paternelle aux enfans des calviniftes, ont toujours pris ces loix dans toute leur généralité, puifqu'ils ne confervent cette fucceffion aux enfans qu'en fuppofant les mariages de leurs pères, contractés fuivant les rè-gles de l'églife. Enfin il eft de notoriété publique que le prince au tribunal duquel reffortiffent par appel tous les jugemens contraires à la difpofition des édits, n'a jamais manqué de confirmer les arrêts conformes à cette jurifprudence, ou de réformer ceux qui y étoient oppofés.

Et vous cependant, monfieur, vous venez après plus de quatre-vingt ans d'une jurifprudence conftante, accufer la nation & les parlemens de n'avoir jamais compris le fens des édits ; vous venez dire au légiflateur lui-même : vous n'avez jamais connu vos véritables intentions, ni lorfque vous avez publié la loi, ni lorf-que vous l'avez interprêtée : & par un délire encore plus fingulier vous prouvez cette affertion téméraire par une fuppo-fition chimérique.

Vous fuppofez que Louis XIV, ce prince fi fage & fi éclairé, étoit perfuadé en 1698, lorsqu'il publia son édit sur les mariages, qu'il n'existoit plus de protestant dans le royaume, c'est-à-dire qu'il ignoroit lui seul l'existence d'une secte qui occupoit tous les parlemens, tous les gouverneurs de son royaume, qui frappoit les regards de la nation entière. Vous supposez que le prince étoit persuadé en 1724 de la non-existence des protestans, en donnant cette même déclaration où il fait mention expresse de l'existence actuelle des protestans, où il se propose d'apporter un prompt remède aux abus qui se sont introduits dans les mariages protestans.

Voici les termes du préambule:

,, De tous les grands desseins que
,, le feu roi notre très-honoré seigneur
,, & bisaïeul, a formés dans le cours
,, de son règne, il n'y en a point que
,, nous ayions plus à cœur de suivre
,, & d'exécuter, que celui qu'il avoit
,, conçu d'éteindre entiérement l'héré-
,, sie dans le royaume : dans la vue de
,, soutenir un ouvrage si digne de son
,, zèle, notre premier soin a été de nous
,, faire représenter les édits, déclarations
,, & arrêts du conseil qui ont été rendus
,, à ce sujet pour en renouveller les dis-
,, positions, & en joindre à tous nos of-
,, ficiers de les faire observer avec la der-
,, nière exactitude... Nous avons reconnu

„ que les abus qui s'y font gliffés & qui
„ demandent un plus prompt remède,
„ regardent principalement les affem-
„ blées illicites, l'obligation pour tous
„ ceux qui exercent quelque fonction
„ publique, de profeffer la religion ca-
„ tholique, apoftolique & romaine, les
„ peines ordonnées contre les relaps & la
„ célébration des mariages. Sur quoi
„ (continue le prince) nous avons ré-
„ folu d'expliquer bien difertement nos
„ intentions. A ces caufes, &c."

Or quelle eft cette héréfie que le pré-
déceffeur de Louis XV avoit eu deffein
d'éteindre dans fon royaume, dont les
partifans tenoient des affemblées illicites,
& avoient été exclus des charges publiques, &c. Citez-en une autre que l'héréfie des proteftans. L'objet de la loi étoit
donc de remédier aux abus introduits
par les proteftans & en particulier aux
affemblées illicites des proteftans, aux
mariages contractés par les proteftans,
&c. Tels font les points fur lefquels le
prince déclare qu'il va ftatuer. Il pro-
nonce en effet fur chacun de ces points,
& venant à l'article des mariages il pourfuit en ces termes, art. 15 :

„ Voulons que l'édit du mois de mars
„ 1697, & la déclaration du 15 juin
„ même année foient exécutés felon leur
„ forme & teneur par nos fujets nouvel-

„ lement convertis à la foi catholique,
„ *comme par tous nos autres sujets.*"
Mais selon vous, monsieur, ces paroles *voulons que les édits soient exécutés par tous nos sujets*, signifient que les édits ne seront exécutés que par les sujets catholiques. Selon vous une déclaration qui se propose de remédier aux abus qui s'étoient introduits dans les mariages des protestans, n'a rien statué sur les mariages des protestans, mais sur les mariages des catholiques déja réglés par de loix formelles & unanimement reconnues ; tous les autres points de la loi frappent sur les protestans ; ici au contraire où la loi comprend expressément tous les sujets du roi, vous supposez que la loi excepte les protestans, parce qu'ils sont présumés ne pas exister dans ce royaume ; en vérité, monsieur, il faut avoir bien du courage, quand on se permet de si étranges paradoxes.

Enfin vous revenez à un raisonnement que vous auriez bien dû laisser oublier. Refuser les effets civils aux mariages des protestans, c'est dire, selon vous, aux protestans : ou vous vous convertirez, ou vous ne vous marierez pas. J'en conviens ; mais Dieu leur dit aussi : ou vous vous convertirez, ou vous périrez. Donc il n'y a point d'injustice dans cette alternative. Donc la prétendue bonne foi fur laquelle vous infiftez pour excufer les proteftans, eft un crime aux yeux de Dieu qui eft la vérité & la juftice par effence; donc cette prétendue bonne foi eft une obftination criminelle, qui fuit la lumière, qui réfifte à la voix de la confcience ou qui refufe au moins de s'inftruire; & cette obftination fi criminelle, que Dieu la punit par des fupplices éternels, eft cependant fi innocente felon vous, que le prince devient un tyran quand il lui refufe fa protection.

Vous fuppofez donc, répliquez-vous, que les proteftans peuvent fe convertir : oui fans doute; *mais ce pouvoir d'où le tirez-vous* (1)? c'eft-à-dire, monfieur, que le proteftant n'a pas le pouvoir de fe convertir lorfqu'il ne fe convertit pas; & qu'il ne peut éviter de périr, lorfqu'il périt en effet. C'eft-à-dire que le prince qui fournit aux proteftans tous les fecours qui font en fa difpofition pour le ramener à la vérité, eft un tyran qui les opprime, lorfqu'il ceffe de les protéger; & que Dieu, ce même Dieu que vous adorez comme moi, le Dieu de bonté & de juftice, ne ceffe pas d'être bon & jufte, quoiqu'il les laiffe dans l'impuiffance de fe convertir, & qu'il les puniffe enfuite de leur obftination. Mais

____

(1) Suite du dial. p. 117.

Calvin l'avoit cru comme vous : & tous les catholiques disent anathême à Calvin. Je vous demande à présent, monsieur, ne vous en offensez pas, je vous demande de quelle religion vous êtes ?

„ Vous me reprocherez peut-être com-
„ me à votre censeur „ de représenter
„ les huguenots, non - seulement comme
„ étant dans un aveuglement volontaire,
„ & comme suivant une conscience cri-
„ minellement fausse & injuste ; mais
„ comme ne s'égarant que par une igno-
„ rance affectée, ferment les yeux opi-
„ niâtrément à la lumière qu'on leur
„ présente, pouvant déposer aisément
„ leur erreur & ne le voulant pas (1).

Un seul mot suffiroit pour déterminer l'état de la question, vous en dites cent pour tout embrouiller, & ce n'est pas la première fois que j'en ai fait la remarque. Sans vouloir donc pénétrer dans l'intérieur des calvinistes ni peser les différens degrés de leur obstination, ce qui n'appartient qu'à Dieu seul, je vous dirai moi qu'il suffit que *leur aveugle-*
ment soit *volontaire*, & que *leur con-*
science soit *criminellement fausse & in-*
juste, comme tout catholique fait pro-
fession de le croire, pour qu'ils soient réellement coupables, & que leur pré-

---

(1) Suite du dial. p. 88.

tendue bonne foi ne ſoit plus qu'une ab-
ſurdité aux yeux de la religion, & une
impiété aux yeux de la foi. Que répon-
dez-vous a cela, monſieur? car j'exige
de vous une profeſſion de foi bien préciſe.

L'expédient que vous trouvez c'eſt de
faire répondre le proteſtant à votre place,
mais c'eſt une maladreſſe; car le public
va croire que vous êtes d'accord avec
lui. Il m'eſt impoſſible, dit le malheureux religionnairé, *de ſurmonter les ob-*
ſtacles que des préjugés légitimes op-
poſent à vos ſollicitations (1). Mais
quoi, monſieur, le proteſtant dans l'im-
poſſibilité de ſurmonter les obſtacles qui
s'oppoſent à ſon retour, eſt cependant puni de Dieu même parce qu'il perſévère
dans l'erreur? le proteſtant retenu par
des préjugés légitimes, eſt cependant
réprouvé de Dieu qui eſt la raiſon éternelle par eſſence? ſi c'eſt là votre profeſſion de foi, monſieur, ce n'eſt pas la
mienne, & je n'ai plus rien à vous dire.
Reſtons-en là donc & reprenons en peu
de mots tous vos raiſonnemens.

Selon vous le prince ne doit pas interdire
l'exercice de la religion proteſtante, parce
que la voie de la perſuaſion eſt le ſeul
moyen permis en matière de religion.
Mais il doit empêcher les aſſemblées d'é-
clat. *L'homme ayant reçu le don de pen-*

____

(1) Suite du dial. p. 116.

ſer, *la liberté de dire & d'écrire tout
ce qu'il penſe*, le prince ne doit point
empêcher les miniſtres de Genève de
prêcher & d'écrire contre nos dogmes
ſacrés; cependant il doit punir les impies
qui diſent & qui écrivent tout ce qu'ils
peuvent.

Le prince ne doit ni prohiber les aſſemblées de religion pourvu qu'elles ſe
tiennent ſans éclat, quoique ſchiſmatiques, ni proſcrire leurs miniſtres proteſtans, quoiqu'ils uſurpent les droits du
ſacerdoce, quoiqu'ils fomentent l'eſprit
de rébellion contre l'égliſe, contre ſes décrets, contre ſon gouvernement; & cependant il voit défendre les droits de
l'égliſe, faire obſerver les ſaints canons,
en punir les infracteurs. Ni l'égliſe ni
l'état ne réprouvent ſelon vous les mariages de nos frères errans; c'eſt-à-dire
que les proteſtans ſont diſpenſés des réglemens de l'égliſe qui a toujours réprouvé au moins comme illégitime les mariages contractés hors de la préſence de
leur propre curé; c'eſt-à-dire que l'égliſe
leur permet de faire un ſacrilège en recevant le ſacrement de mariage indignement, ou tout au moins qu'elle leur
permet de ſe priver des graces attachées
au ſacrement; c'eſt-à-dire que le prince
qui ſoumet expreſſément tous ſes ſujets
à ces réglemens, n'a voulu y ſoumettre

qu'une partie de fes fujets. Vous prétendez qu'il eft impoffible à vos frères errans de dépofer leurs préventions lorfqu'ils ne les dépofent pas ; que Dieu leur
commande ce qu'il n'eft pas en leur pouvoir d'accomplir, qu'il les punit pour
n'avoir pas fait ce qu'il leur commandoit;
qu'ils pèchent alors néceffairement foit en
obéiffant à l'églife parce qu'ils agiffent
contre leur propre confcience ; foit qu'ils
défobéiffent, parce qu'ils violent la loi
de Dieu ; & vous affirmez cependant qu'ils
font toujours dans la bonne foi , & que les
loix ont tort de les regarder comme coupables. Expliquez-moi , je vous prie , toutes ces énigmes. Vous me répondrez peut-
être comme vous l'avez déja fait à votre
cenfeur, qu'en vous exprimant de la forte,
vous favez que vous n'avez pas employé
les vrais termes pour caractérifer la
chofe, mais que vous aimez mieux man-
quer à la langue qu'à la charité (1). Eh
bien, monfieur, contentez-vous de conferver la charité en gardant le filence ; ou
fachez au moins contenir votre langue
quand vous vous mêlerez de parler de
religion. J'ai l'honneur d'être,

Monfieur ,

Votre , &c.

____

(1) Suite du dial. p. 86.

F I N.